学前教育专业新形态系列教材

U0742478

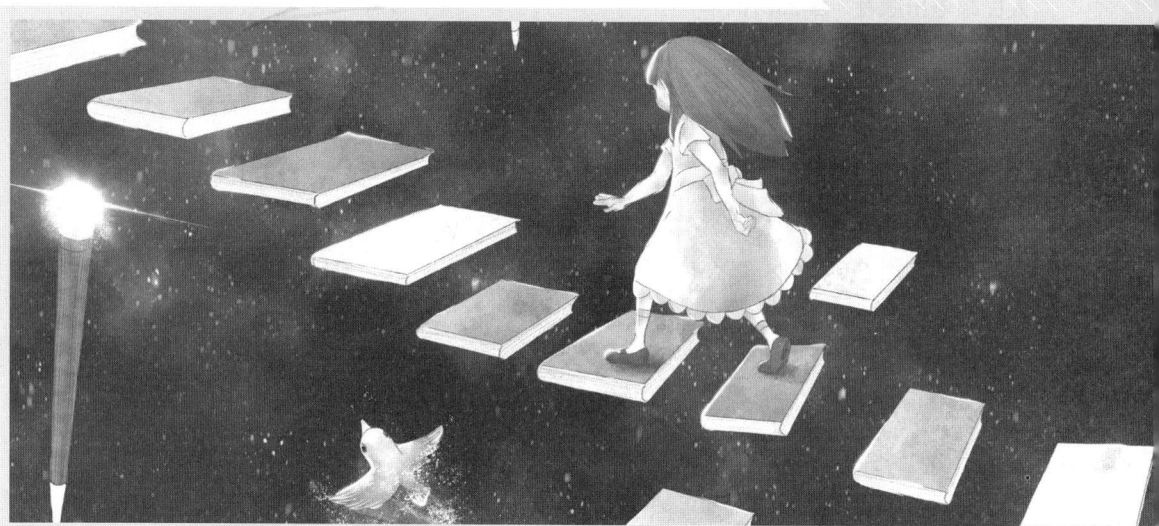

幼儿园语言活动设计与实施

于亚鹏 ◎ 主编

古力文 廖雄健 凌洪亮 ◎ 副主编

人民邮电出版社

北京

图书在版编目（CIP）数据

幼儿园语言活动设计与实施 / 于亚鹏主编. -- 北京：
人民邮电出版社，2023.10
学前教育专业新形态系列教材
ISBN 978-7-115-61809-2

Ⅰ. ①幼… Ⅱ. ①于… Ⅲ. ①语言教学－学前教育－
高等学校－教材 Ⅳ. ①G613.2

中国国家版本馆CIP数据核字(2023)第090287号

内 容 提 要

　　幼儿园语言活动设计与实施是学前教育专业核心课程之一，是实现专业培养目标的重要课程，其教学质量直接关系人才的培养水平。本书依据幼儿园工作过程和职业标准，以幼儿园实际工作和语言活动典型工作任务为引领，立足于培养学前教育专业学生实际工作能力，让学生在掌握幼儿语言教育目标、内容、方法和途径的基础上，能设计和实施幼儿谈话活动、讲述活动、听说游戏、文学活动及早期阅读活动。

　　本书突出对职业能力的培养，理论知识的选取紧紧围绕工作任务，并融合了幼儿教师职业资格认证的相关知识、技能和职业态度等要求。本书内容新颖，可操作性强，既可作为高等院校学前教育专业的教材，也可供广大学前教育从业人员阅读和参考。

◆ 主　　编　于亚鹏
　　副 主 编　古力文　廖雄健　凌洪亮
　　责任编辑　连震月
　　责任印制　王　郁　彭志环

◆ 人民邮电出版社出版发行　　北京市丰台区成寿寺路 11 号
　　邮编　100164　电子邮件　315@ptpress.com.cn
　　网址　https://www.ptpress.com.cn
　　三河市兴达印务有限公司印刷

◆ 开本：787×1092　1/16
　　印张：12.25　　　　　　　　　2023 年 10 月第 1 版
　　字数：351 千字　　　　　　　2023 年 10 月河北第 1 次印刷

定价：49.80 元

读者服务热线：(010)81055256　印装质量热线：(010)81055316
反盗版热线：(010)81055315
广告经营许可证：京东市监广登字 20170147 号

党的二十大报告指出："坚持以人民为中心发展教育，加快建设高质量教育体系，发展素质教育，促进教育公平。"幼儿园语言活动设计与实施是学前教育专业、幼儿保育专业职业技能必修课之一，实践性强。本课程注重与幼儿园教育活动融合，以工作过程系统化为导向，从教学准备、教学方法、教学资源到教学过程，紧密结合幼儿园语言活动，着力于培养学前教育专业学生在教育、教学过程中组织实施语言活动的能力。为贯彻党的二十大精神，落实立德树人根本任务，适应学前教育发展的形式，满足对教师素质培养的要求，我们编写了本书。

本书编写特点

- 依据《幼儿园教师专业标准（试行）》中确定的幼儿园教师专业素质的基本要求、基本规范和基本准则，从知识与技能、过程与方法、情感态度与价值观三个维度，围绕幼儿园教师的岗位要求，结合幼儿园语言教育的基本内容和活动形式，确定课程目标。

- 依据对幼儿园教师岗位能力分析，尤其是对教育活动设计组织能力的分析，加之教育部颁发的《幼儿园教育指导纲要（试行）》（以下简称《纲要》）的内容与要求、组织与实施及教育评价的标准，以及《3-6 岁儿童学习与发展指南》（以下简称《指南》）提出的幼儿语言领域的核心价值、关键经验及语言领域的学习与发展目标，结合幼儿园语言活动典型案例科学确定课程内容。

- 以幼儿园语言活动的设计与实施能力为主线，以幼儿园语言教育活动组织的基本工作内容和工作过程为路径，设计五大学习情境，每个学习情境设置若干代表性学习任务，将相应的专业理论知识和技能有机融入课程学习任务。

本书使用建议

- 学生划分小组，每个组就是一个幼儿班级教师小集体，采用幼儿园教师团队管理模式。每个组 8～10 人，确定组长 1 名，小组划分时注意兼顾学生的学习能力、性格等个体差异。教师根据实际工作任务设计教学情境，教师的任务是策划、分析、辅导、评估和激励。学生的任务是学习，应主动思考、自己决定、动手实操。组长要引导小组成员制订详细的计划，并合理有效分工。

- 本书倡导行动导向教学，通过问题引导，促进学生进行主动思考和学习。在课程学习时，本书给学生设置了真实的情境，引入幼儿园真实案例，让学生通过角色扮演体会幼儿园班级教师的工作职责，将认知与情感结合起来。

- 根据不同重难点内容，本课程学时分配如下表，各学校也可根据实际情况适当调整。实施任务环节，学校可根据自身情况选择去校办幼儿园或合作幼儿园实施活动，也可在校内学前教育专业实训室进行，实训室布置与幼儿园真实环境相一致。

序号	学习内容	载体	学时	备注
00	绪论 幼儿园语言教育活动概述	—	4	理论学习
01	学习情境一 谈话活动	伊贝幼儿园青竹班	8	
02	学习情境二 讲述活动	伊贝幼儿园雪松班	12	
03	学习情境三 听说游戏	雏鹰幼儿园朵朵班	16	
04	学习情境四 文学活动	雏鹰幼儿园果果班	12	
05	学习情境五 早期阅读活动	苗苗幼儿园葡萄班	12	
合计			64	

本书编写组织

本书由于亚鹏担任主编，由古力文、廖雄健、凌洪亮担任副主编。熊秋云、吴戴君、罗娜、刘小灵、谭娟、秦秀林、甘梦琳也参与了本书的编写。本书在编写和实践过程中得到雏鹰幼儿园、伊贝幼儿园、苗苗幼儿园的大力支持。在本书编写过程中，编者参考了有关书籍，谨此致谢。对于书中的疏漏和不足之处，恳请广大读者批评指正。

编者

2023 年 7 月

目录
CONTENTS

绪论

幼儿园语言教育活动概述

学习情境描述

　　语言是人类的交际工具、思维的武器。个体依靠语言接受教育得以成长，个体间借助语言交流思想、相互了解。幼儿教师是需要进行大量语言交流的职业，在每日活动中，幼儿教师不仅要组织语言教育活动，还要明白为什么要组织语言教育活动、幼儿语言发展的特征和规律是什么，善于用完整语言教育观、整合教育观和活动教育观去解决幼儿语言教育的问题。

学习目标

- 认识幼儿语言发展的重要性、幼儿园语言教育对幼儿发展的作用。
- 熟悉幼儿学习语言的特点。
- 能复述幼儿语言学习与发展的目标与内容要求。
- 掌握幼儿语言教育的基本观念：完整语言教育观、整合教育观和活动教育观。

学习任务

　　语言是人类重要的交际工具。心理学家和心理语言学家经大量研究发现：婴幼儿时期是语言发展的关键期。如能在这一阶段为婴幼儿提供良好的语言教育条件，不仅能促进婴幼儿语言的发展，而且能提高婴幼儿口语表达的质量；反之，错过了语言发展的关键期，或忽视了对婴幼儿的语言教育工作，就会延缓、阻碍婴幼儿的语言发展，有的甚至终生难以补偿。语言表达在生活中是一个重要的沟通媒介，婴幼儿可以通过语言的学习模式去认识周围环境和事物的意义，了解别人和其沟通的内容，也可清楚表达自己的情意，进而进行抽象的思想活动。

一、幼儿园语言教育对学前儿童的全面发展发挥重要作用

（一）促进学前儿童的语言发展

　　语言教育是基本、直接的语言发展方式。语言教育的基本任务在于促进学前儿童语言能力的发展，因此，幼儿园语言教育的首要作用就是使儿童发音清晰、词汇丰富，学会用恰当的词句表达自己的思想、描述周围的事物。

　　在语言教育中，教师会为儿童提供各种各样的语言范例，让儿童去感知、体会、理解和记忆。在此过程中，儿童不断积累新的语音和词汇，不断吸收新的句式和表达方式，然后逐渐转化为自己的语言，用来表达自己的思想和情感，对别人的行为施加影响，完成各种人际交往任务。同时，教师还常常有意无意地为儿童提供运用语言进行交际的机会，交际的需要可以有效地激发儿童学习和运用语言的愿望，同时他们的语言交往能力也可以在不断的练习中得以巩固和提高。

　　随着语言的不断丰富，语言交往技能不断提高，儿童学习和运用语言的兴趣也会越来越强。一旦产生兴趣，儿童就可能主动要求学习更多的语言符号，尝试更新的语言技巧。

（二）促进学前儿童的认知发展

　　语言的学习和运用对儿童的认知发展有非常积极的影响。作为一种符号系统，语言代表一定的事物，儿童在学习语言的过程中要接触大量的语言材料，于是，儿童学习语言的过程同时也成为他们接触和理解这些知识的过程。

　　此外，通过各种专门组织的语言教育活动，儿童可以学会把所认识的事物的名称、形态、习性等信息用词说出来。通过语言描述将事物的特征表现出来，可以突出这些特征，加深儿童对事物突出特征的印象，使他们更好地理解和记忆各种事物的特征。同时，儿童还可以借助语言辨别事物的不同点、概括事物的相同特征。

（三）促进学前儿童的社会性发展

儿童学习语言的过程也是学习和掌握交际工具的过程，语言教育有助于促进儿童的社会性发展。通过语言教育，儿童在掌握本民族语言系统的同时，也在学习运用语言进行交际的社会规则，如：讲话要文明、有礼貌；说话要清楚，力求使对方听明白；不同场合需要有不同的讲话方式；等等。掌握这些语言交际的社会规则是儿童社会性发展的一项重要内容。儿童学习语言后，就能用语言与周围人进行交流。这种交流有助于儿童约束自我中心的言行，主动地适应他人的行为调节，并在此基础上逐渐形成语言自我调节能力，使自己的情感、态度、习惯、行为等与社会规范逐渐接近并相吻合。儿童语言和社会化行为的发展，也使得儿童社会交往的精神需要得到一定的满足。

🔍 小提示

幼儿语言发展

幼儿语言发展主要指幼儿对语言的理解和掌握的发展过程，包括语言形式（语音、语法）、语言内容（语义）和语用等几个方面。幼儿语言发展阶段如图0-1所示。

6岁以上	独立阅读、主题性、知识性阅读
3～6岁	伴随阅读向独立阅读的过渡
2～3岁	口语快速发展期
9个月～2岁	简单口语积累阶段
9个月前	非母语阶段

图0-1　幼儿语言发展阶段

二、幼儿学习语言的特点

（一）在主动模仿中学习语言

幼儿对环境中的语言刺激十分敏感，并有强烈的学习语言的积极性，且以模仿的形式出现。模仿的对象可以是生活中的成年人语言，也可以是同伴的语言，还可以是电影、电视、广播中人物的语言，甚至是广告语。模仿对象较多的还是成年人语言，如父母和老师的语言。但是幼儿只根据自己的能力，按照自己的兴趣选择对象进行模仿。据专家研究，幼儿的语言模仿有以下四种方式。

1. 即时的、完全的模仿

如在幼儿交谈中，常听到某一幼儿说了"鸡肉是肉"，另一幼儿马上说"牛肉也是肉"。这种情况常发生在幼儿初期。

2. 即时的、不完全的模仿

如老师说"这个小兔子玩具是软软的"，幼儿模仿说"小兔子是软软的"。这种情况也常发生在幼儿初期。

3. 延迟模仿

幼儿从各种途径自然而然地接收语言，不立即模仿说出，而是隔一段时间后，或在类似情境出现时，才模仿说出类似的语言。如幼儿在家模仿老师上课时说的话就是典型的例子。当然，这种模仿经常不是原汁原味的，已被幼儿无意识地增加或遗漏了一些内容。

4. 创造性模仿

幼儿模仿他人句子的句型或词语，根据需要更换谈话内容，这既有模仿因素，又有创造因素。创造性模仿是整个幼儿期幼儿模仿说话的主要形式。

（二）在具体运用中学习语言

研究表明，幼儿在教育教学活动中，在与周围人们的交往中，随时随地学习语言，积累丰富的词汇和听说经验，使其语言得以较快地发展。

1. 在主动求知中学习语言

心理知识表明幼儿期的幼儿有强烈的求知欲，他们总是不断地向成年人提问这是什么、那是什么。成年人或直接用语言予以回答，或引导幼儿积极观察，组织幼儿开展讨论、交流，寻求结论。这样，幼儿不但获得了知识，同时也掌握了相应的词语、句子，学习了语言。

2. 在主动交往中完善语言的表达

幼儿和成年人或同伴在一起时，说话的内容除请求外，多是告知，而告知的内容又常常是其自身感知过或思考过、有直接经验的事物或现象。在这类交往中，幼儿的语言会得到成年人或同伴及时、不断的补充和修正，从而使自己的语言更趋完善。

（三）游戏活动是幼儿语言实践的良好途径

游戏是幼儿的主导活动，也是其愉快而自主的实践活动。在游戏中，幼儿可自由地支配自己，自主选择项目，愉快地和同伴交往、合作。

作为思维的武器和交际工具的语言，始终伴随着幼儿的游戏进程。所以，游戏是为幼儿提供语言实践的良好途径。

在游戏中，初期的幼儿常凭借出声的自言自语调节自己的行为、思考游戏的过程，这正是语言社会化的基础。

与同伴共同游戏，也是幼儿语言实践的好时机。在游戏中，角色分配、内容确定、规则制定，都需要幼儿陈述自己的观点，听取别人的意见，从而统一玩法。在这一过程中语言得到了实际练习。另外，在游戏中，幼儿随角色运用语言对答、协调等，又极大地锻炼了幼儿的语言。有研究表明，在集体面前说话不多或有口语缺陷的幼儿，通过游戏疗法，可以极大地改变原有的状态，使其语言能力得到很大的提高。

（四）在逐步积累中发展语言

语言学习是幼儿语言循序渐进、逐步积累的过程。幼儿学习和掌握语言需要一个过程，从无到有、从不理解到部分理解再到完全理解，积少成多，逐步完善。

💡 小思考

影响幼儿学习语言的因素有哪些？

三、幼儿园语言教育的目标

幼儿园语言教育的目标是幼儿语言教育的目的和要求的归纳，是实施语言教育的方向和准则，它指出了幼儿园语言教育所要达到的预期效果。幼儿园教师必须明了，幼儿园语言教育要使幼儿的语言获得什么样的发展、达到何种水平、实现什么目标。掌握幼儿园语言教育的目标，能更好地指导幼儿园教师确定幼儿园语言教育的内容及采取的方法和途径。同时，幼儿园语言教育的目标也是语言教育效果的评价标准。

幼儿园语言教育的目标是幼儿园教育总目标的有机组成部分，也是幼儿园教育在语言领域的具体化，本质上与幼儿园教育总目标是一致的。其一般可分解为总目标和年龄段目标。

（一）幼儿语言教育的总目标

幼儿语言教育的总目标也称为幼儿语言教育目标，它主要是指通过教育，3～6岁的幼儿在语言发展方面达到预期水平。幼儿语言教育目标是幼儿教育总目标的组成部分，即幼儿教育目标在语言方面的发展要求就是幼儿语言教育目标。幼儿语言教育的目标是由幼儿语言发展的规律和幼儿教育的基本要求共同决定的。它既要符合幼儿身心发展的水平，又要反映社会和时代发展对人才语言能力的要求。在 2001 年教育部颁发的《纲要》中，对幼儿园语言领域教育目标和内容要求做出了明确规定。

《纲要》对语言领域提出了以下目标：①乐意与人交谈，讲话礼貌；②注意倾听对方讲话，能理解日常用语；③能清楚地说出自己想说的事；④喜欢听故事、看图书；⑤能听懂和会说普通话。

理解《纲要》的语言教育目标后，幼儿园语言教育总目标可划分为四个大方面，即倾听、表述、欣赏文学作品和早期阅读，并且从以下几个方面对幼儿实施教育。

（1）创造一个自由、宽松的语言交往环境，支持、鼓励、吸引幼儿与教师、同伴或其他人交谈，体验语言交流的乐趣，学习使用适当的、礼貌的语言交往。

（2）养成幼儿注意倾听的习惯，发展语言理解能力。

（3）鼓励幼儿大胆、清楚地表达自己的想法和感受，尝试说明、描述简单的事物或过程，发展语言表达能力和思维能力。

（4）引导幼儿接触优秀的儿童文学作品，使幼儿感受语言的丰富和优美，并通过多种活动帮助幼儿加深对作品的体验和理解。

（5）培养幼儿对生活中常见的简单标记和文字符号的兴趣。

（6）利用图书、绘画和其他多种方式，引发幼儿对书籍、阅读和书写的兴趣，培养前阅读和前书写技能。

（7）提供普通话的语言环境，帮助幼儿熟悉、听懂并学说普通话。少数民族地区还应帮助幼儿学习本民族语言。

（二）幼儿园语言教育的年龄段目标

所谓年龄段目标，即幼儿在不同年龄段的不同教育目标。将语言教育目标分解为不同的要求，形成对每一年龄段幼儿逐步提高要求的具体目标，是年龄段目标的一个特点。幼教工作者必须把握语言的特性，按照相应年龄段的语言教育目标对幼儿进行教育，在考虑对幼儿实施教育的时候，必须照顾到幼儿语言教育年龄段的目标。这样才有可能保证为幼儿提供有益的语言经验，使他们逐步接近并最终达到本年龄段的语言发展目标。根据不同类型语言教育活动的具体要求，本书将语言教育总目标分解到了每一个年龄段，如表 0-1 所示。

表 0-1　幼儿园语言教育的年龄段目标

语言活动	小班	中班	大班
谈话活动	1. 学会安静地听同伴说话，不随便插嘴 2. 喜欢与同伴交谈，愿意在集体面前讲话 3. 能听懂并愿意说普通话 4. 在教师的引导下，学习围绕主题谈话，能用短句表达自己的意思 5. 初步学习常见的交往语言和礼貌用语	1. 能集中注意力，耐心地倾听别人谈话，不打断别人 2. 乐意与同伴交流，能大方地在集体面前说话 3. 能用普通话较连贯地表达自己的意思 4. 学会围绕一定的话题谈话，不跑题 5. 学会用轮流的方式谈话，不抢着讲，不乱插嘴 6. 继续学习交往语言，提高语言交往能力	1. 能主动、积极、专注地倾听别人谈话，迅速掌握别人谈话的主要内容，并从中获取有用的信息 2. 能主动地用普通话与同伴交流，态度自然、大方 3. 能围绕话题谈话，会用轮流的方式交谈，并能用恰当的语言表达自己的情感，与同伴分享感受 4. 逐步学会用修补的方法延续谈话，提高语言交往水平

续表

语言活动	小班	中班	大班
讲述活动	1. 讲话时能有兴趣地运用各种感官，能理解内容简单、特征鲜明的实物、图片和情境 2. 愿意在集体面前讲述自己感兴趣的事件 3. 准确地说出讲述内容的主要特征或主要事件 4. 安静地听教师或同伴讲述，并用眼睛注视讲述者	1. 能仔细观察 2. 学习按照一定的顺序讲述实物、图片和情境的内容 3. 能声音响亮、句式完整地在集体面前讲述 4. 能积极地倾听同伴的讲述，从中学习好的讲述方法	1. 能通过观察，理解图片、情境中蕴涵的主要人物关系，并有正确的思想感情倾向 2. 能有重点地讲述实物、图片和情境的内容，突出讲述的重点 3. 能根据场合的需要调节讲话的音量和语速 4. 语言表达流畅，用词造句较为准确
听说游戏	1. 乐意参加游戏活动，在游戏活动中大胆地说话 2. 发准某些难发的音，初步掌握方位词及人称代词，学习正确运用动词 3. 能在游戏活动中尝试按照规则运用简单句说话 4. 养成在集体活动中倾听别人讲话的习惯，能听懂、理解语言游戏的简单规则	1. 巩固发音，正确运用代词、方位词、副词、动词、连词和介词等 2. 会说简单而完整的合成句 3. 能听懂并理解多重游戏规则 4. 学习迅速地理解并执行游戏活动中的语言规则	1. 学习运用反义词、量词和连词等，并能说完整的合成句 2. 养成积极倾听的习惯，迅速地掌握和理解游戏活动中较复杂的多重指令 3. 不断提高倾听的精确程度，准确地掌握和传递有细微差别的信息 4. 在游戏活动中能按照规则迅速调动个人已有语言经验进行表达
文学活动	1. 喜欢听故事和儿歌，对文学作品的语言感兴趣 2. 初步感受和学习作品的语言美 3. 能理解文学作品的情节内容或画面情节 4. 能在文学作品原有基础上扩展想象	1. 能理解故事、诗歌的内容，记住作品的主要情节 2. 在理解作品的基础上，能初步归纳主题 3. 能理解文学作品的人物形象，感受作品的情感基调，能运用较恰当的语言、动作、绘画形式表达自己的看法 4. 根据作品提供的线索，可以进行模仿创编	1. 乐意欣赏不同体裁、不同风格的作品，并尝试在适当场合参与文学活动 2. 在教师的帮助下，能分析作品的特殊表现手法，理解作品的主题或感受作品的情感脉络 3. 能理解作品的不同体裁及其构成，开始接触文学作品的艺术语构成形式 4. 能联系个人已有经验扩展想象，并创造性地进行表述
早期阅读活动	1. 喜欢看书，对汉字感兴趣 2. 学习看书的基本方法，会一页一页地翻书，能看出画面的主要变化 3. 喜欢听成年人讲述和朗读图画书的内容 4. 对文字感兴趣，能在成年人的启发下认读最简单的文字 5. 爱护图书	1. 知道图书的构成，有兴趣模仿制作图画书 2. 初步了解汉字的由来和简单的汉字认读规律，并有主动探索汉字的愿望 3. 喜欢描画简单的图形，能有序地书写图案符号，保持正确的写字姿势 4. 能集中注意力倾听成年人讲述和朗读图书内容，理解书面语言	1. 对阅读文字感兴趣，主动学认常见的文字 2. 喜欢按一定规则画出图形、写简单的字，握笔姿势正确 3. 知道图画书中的画面与文字的对应关系，开始有兴趣阅读图画书中简单的文字 4. 会用规范的笔顺书写自己的名字

⚙ 小提示

如何让幼儿爱上阅读

（1）为幼儿提供良好的阅读环境和条件。

① 选择高质量图书。

② 提供相对安静的环境。

③ 提供不同体裁的儿童作品。

（2）激发幼儿阅读兴趣，培养阅读习惯。

① 抽时间和幼儿一起看书、讲故事。

② 让幼儿感受图书的魅力。

③ 引导幼儿理解图书内容并感受作品的美。

（3）让幼儿体验文字符号的用途，培养书写兴趣，在绘画和游戏中做必要的书写准备。

老师用心培养+家长支持配合=孩子发展。

四、幼儿园语言教育的内容

幼儿园语言教育的内容是幼儿园为幼儿提供的语言形式、语言内容和语言运用的基本知识、基本态度和基本行为方式的综合，是幼儿学习语言、获得语言经验的载体。幼儿园语言教育的内容既包括教师有目的、有计划地组织专门活动的内容，也包括渗透在幼儿园一日生活各个环节中及其他领域活动中的语言教育内容。

（一）专门的语言教育

专门的语言教育内容分别蕴含在谈话活动、讲述活动、听说游戏、文学活动和早期阅读活动这几种形式的活动中。

这几类活动分别包含不同的语言教育内容，为幼儿创设不同性质的语言交际环境，使幼儿在这些环境中得到接触不同类型的语言教育内容、全面发展语言能力的机会。不同性质的活动对幼儿的语言学习来说各有特殊价值。

专门的语言教育活动形式及内容如表 0-2 所示。

表 0-2　专门的语言教育活动形式及内容

活动形式	活动的概念、内容和目的
谈话活动	1. 概念 谈话活动创设的是日常口语交往情景，要求幼儿调动自己已有的经验，围绕一定的话题倾听他人的意见，表达自己的想法 2. 内容 （1）围绕自己熟悉的人或事进行谈话 （2）就某一熟悉的场景发表个人的观点和想法 3. 目的 培养幼儿运用口语交流的意识、情感和能力
讲述活动	1. 概念 讲述活动主要为幼儿创设正式的口语表达情景，使幼儿有机会在集体面前表达自己对某一图片、实物或情景的认识、看法等，学习表述的方法和技能 2. 内容 （1）用简单、明了的语言把某一事物的特征、功用解说清楚 （2）用比较恰当的语言讲述图片或影片中的主要人物、事件 （3）用生动、形象的语言讲述处在某一情景中的人物的形态、动作 3. 目的 培养幼儿认真倾听的习惯和完整、连贯、清楚的表述能力，促进其独白语言的发展

活动形式	活动的概念、内容和目的
听说游戏	1. 概念 听说游戏为幼儿提供一种游戏情景，使幼儿在游戏中按一定规则练习口头语言 2. 内容 （1）巩固难发的音和方言干扰音，练习声调和发声用气 （2）扩展、丰富词汇量，练习词的用法 （3）在游戏中尝试运用某些结构的句子，锻炼语感 3. 目的 培养幼儿在口语交往活动中的快速、灵活的倾听和表达能力
文学活动	1. 概念 文学活动从某一具体文学作品入手，为幼儿提供一个全面学习语言的机会，使他们在理解、感受作品的过程中，欣赏和学习运用文学作品提供的有质量的语言。文学活动着重培养幼儿欣赏文学作品的能力，以及利用文学语言表达想象和生活经验的能力 2. 内容 （1）在欣赏儿童诗歌、散文的基础上，仿照某一首诗歌或某一篇散文的框架，编出自己的诗歌或散文段落 （2）童话故事和生活故事的学习、表演或仿编、续编 （3）通过对话、动作进行故事表演，体验作品的情节变化和人物情感的变化 3. 目的 培养幼儿欣赏文学作品的能力，以及利用文学语言表达想象，对作品进行创编、续编、表演，表达生活经验的能力
早期阅读活动	1. 概念 早期阅读活动利用图书、绘画，为幼儿创设一个书面语言环境，使幼儿有机会接触书面语言，了解语言的基本文化内涵 2. 内容 （1）前阅读。学习翻阅、理解和制作图书，了解图书画面、文字与口语之间的对应关系 （2）前识字。了解文字的功能、作用，了解识字的基本规律和方法 （3）前书写。了解汉字的基本结构，认识汉字的书写特点和工具，学习书写汉字 3. 目的 培养幼儿对书面语言的兴趣，引导他们逐渐产生对汉字的敏感性，丰富他们前阅读、前识字和前书写的经验。

（二）渗透的语言教育内容

渗透的语言教育内容，就是充分利用幼儿的各种生活和学习经验，在真实的生活情景中为幼儿提供更加广泛、多种多样学习语言的机会，使幼儿更好地运用语言获得新的生活经验和其他方面的学习经验。渗透的语言教育内容既可以使幼儿更好地习得语言，也可以促进幼儿在日常生活、游戏和其他学习活动中的语言交往。渗透的语言教育内容通常出现在以下几种情境中。

1. 日常生活中的语言交往

语言是日常生活中建立良好人际关系的工具，可以起到指导和调节人际关系的作用。从幼儿语言学习的内容上来看，日常生活中的语言交往，可以帮助幼儿学习在不同场合运用恰当的语言形式进行表述和交流，同时又将社会文化习俗的学习与语言的学习结合在一起。具体而言，渗透在幼儿日常生活中的语言教育，可以帮助幼儿获得以下语言经验。

（1）学会倾听、理解和执行生活常规及成年人的指令性语言。

（2）学会运用礼貌用语与他人交往。

（3）学会运用语言向他人表达自己的需要和要求，对他人提出的要求做出恰当的应答。

（4）学会运用恰当的语言解决与同伴之间发生的冲突。

随机渗透在日常生活中的语言学习，主要是指教师充分利用各种生活环节，给幼儿提供自由宽松的环境，鼓励幼儿积极进行语言交流，增加练习听、说和读基本技能的机会，养成对语言和文字的学习兴趣，得到语言和文学的熏陶。这种类型的语言学习通常包括以下几种形式。

（1）在饭前饭后、午睡后及离园前等生活环节，让幼儿倾听优美的儿歌、散文、故事等文学作品。这些文学作品通常是幼儿能够理解的或他们已经学习过的。

（2）按照一定的规则进行语言操作游戏。幼儿边玩边说，能够充分体验游戏的乐趣，并在玩的过程中充分练习、巩固和扩展已经获得的语言经验。这类活动包括猜谜语（根据他人提供的信息猜人物、动物、声音等）、接话、传话、组词、玩拍手游戏等多种形式。

（3）用各种等待或过渡环节，为幼儿提供表述的机会，让幼儿根据已有经验大胆地讲述自己的想法，有时可以围绕一个主题，有时也可以没有主题。

（4）用幼儿离园前、自由游戏等时间，鼓励幼儿以集体、小组或个别的形式自由阅读图书。图书可以是自己带来的，也可以是幼儿园阅读角中的。同时也要鼓励幼儿自己组织看录像或影碟等。这种活动的目的，在于帮助幼儿逐步养成喜欢阅读的良好习惯。

2. 自由游戏中的语言交往

在自由游戏中，语言成为幼儿与同伴进行交往、合作、分享的工具，也成为指导和调节自己选择游戏内容、游戏伙伴和游戏材料等行为的工具。具体而言，渗透在自由游戏中的语言教育可以帮助幼儿获得以下语言经验。

（1）学习运用玩具并结合动作自言自语，进行自娱或自我练习。

（2）学习自主选择游戏的内容、伙伴、材料等。

（3）学习通过协商等语言方式，解决与同伴在游戏内容、材料的选择及游戏规则的制定过程中出现的矛盾与冲突。

3. 其他领域活动中的语言交往

在其他领域的活动中，语言也是幼儿学习的工具，发挥重要的作用。在参与其他领域活动，比如数学或音乐活动时，语言交往有利于幼儿正确感知和理解学习的内容，提升对学习内容的认识和表达能力，提升学习的有意性和目的性。具体而言，渗透在其他领域活动中的语言交往可以帮助幼儿获得以下经验。

（1）集中注意力倾听教师布置的活动、任务。

（2）学习运用语言指导观察和操作，并思考事物之间的相互关系，表达对观察对象的感受和认识。

（3）理解语言与其他活动内容之间的相互关系，学习运用语言促进相关领域知识的掌握和能力的提高，提高学习的效率。

五、幼儿语言教育的基本观念

幼儿语言教育的基本观念是贯穿幼儿语言教育全部过程的指导思想，直接影响幼儿语言教育的效果，对语言教育起决定性作用。对幼儿进行语言教育首先需要明确语言教育是什么、语言教育和其他领域教育有何关系、以何种途径实施语言教育等问题，对这些基本问题的回答构成了幼儿语言教育的三个基本观念，即完整语言教育观、整合教育观和活动教育观。这些观念既是幼儿教育总的指导思想在幼儿语言教育中的具体表现，也是当代幼儿发展与教育研究成果在幼儿语言教育实践中具体运用的必然结果。

在幼儿语言教育中梳理完整语言教育的观念，就是强调幼儿语言教育目标应当是完整的，幼儿语言教育的内容应当是全面的，幼儿语言教育的活动应当是真实、完整的交流情景。

（一）完整语言教育观

1. 幼儿语言教育目标是完整的

完整的语言教育目标应该包括培养幼儿语言的听、说、读、写四个方面的情感态度、认识和能力。对幼儿来说，主要是培养他们的听、说能力和良好的听、说行为习惯，同时使他们获得早期的读、写技能，为他们进入小学进行正规的读写训练做前期准备。在所有的目标中，培养幼儿的语言运用能力，特别是提高幼儿的语言核心操作能力应当成为语言教育的重点。

2. 幼儿语言教育内容是全面的

全面的语言教育内容是指在幼儿语言教育中，既要引导学前儿童学习口头语言，也要引导学前儿童学习书面语言；既要让学前儿童理解和运用日常交往语言，也要引导幼儿学习文学语言。整合的语言教育内容是指在选择和编排语言教育内容时，要把语言视为一个整体，而不是将教学切割成分离的技能成分。

3. 幼儿语言的学习是先功能、后形式的学习

在幼儿语言发展过程中，语言功能先于语言形式，幼儿先知道语言是可以用来满足交际需要的，然后再去选择合适的语言。幼儿在说话前就已经掌握母语系统、所有的单词，在学会阅读前已经掌握了所有字词的拼写，这样的情况是不可能发生的。事实是他们在完全掌握成年人的语言前就已经能够与人交谈，在掌握语法规则前已经能够说出较长的句子。

4. 幼儿语言教育活动过程应该是真实的、形式多样的

完整语言教育观强调教育活动的真实性，即教师在组织活动时应着眼于创设真实的双向交流情境，使语言教育的过程成为教师与幼儿共同参与的、积极互动的过程。因为，幼儿的语言必须在一定的情境中使用才能真正得到发展和体现。语言教育提倡以教师和幼儿共同参与的活动作为语言教育的基本形式，活动的形式应该多样化。教师要为幼儿提供动脑、动口、动手的生活环境和学习材料，促使幼儿成为主动的学习者。

（二）整合教育观

整合的语言教育观念意味着把幼儿语言学习看成一个整合的系统，充分意识到幼儿语言发展与其他智能、情感等方面发展是整合一体的关系。在幼儿语言发展过程中，他们对每一个新词、每一种句式的习得，都是整个学习系统调整、吸收与发展的结果。离开了幼儿发展的其他方面，语言学习是不可能成功的。与此同时，幼儿语言学习的每一点收获，都对他们的其他方面发展起到良好的促进作用，儿童其他方面的发展同样也离不开语言的发展。基于这样的观念，在开展幼儿语言教育时，始终应将其作为幼儿教育整体的一部分来看待，加强幼儿语言教育与其他方面教育之间的联系。把语言学习与其他方面知识学习和能力发展割裂开来的做法，以及对幼儿进行纯语言教学的做法是不合适的，应予以摒弃。

1. 语言教育目标的整合

整合教育首先表现在语言教育目标的整合上，要求在制定幼儿语言教育目标时既要考虑完整语言各组成成分的情感、能力和知识方面的培养目标，也要考虑语言教育可以实现哪些与语言相关的其他领域的目标，同时还需要考虑哪些语言教育可以在其他领域的教育中得以实现，使语言教育目标成为以促进幼儿的语言发展为主，同时促进幼儿其他方面发展的整合的目标体系。只有树立了整合的语言教育目标意识，才能实现语言教育内容和方式的整合。

2. 语言教育内容的整合

幼儿的语言发展有赖于三个方面知识的整合：社会知识、认知知识和语言知识。因此，当代幼儿语言教育内容是以这三种知识为主的整合内容。幼儿语言教育内容的整合，要求教育工作者在设计、选择教学内容时，充分考虑社会知识、认知知识和语言知识的有效结合。在这里我们还要特别指出，语言教育内容的整合是渗透在教育整体各个方面的语言学习机会的整合。正如语言教育中融有其他方面的教育一样，其他方面的教育也从不同角度对幼儿语言学习提出了要求，并帮助幼儿习得不同情景、不同活动性质条件下语言的应变能力。

3. 语言教育方式的整合

目标与内容的整合，同时牵制语言教育方式的整合走向。整合方式的突出特点，是以活动的组织形式来构建语言教育内容，其中包括专门的语言活动和与其他活动结合的语言活动。

无论哪种形式的活动，都需要糅合多种幼儿发展因素，允许多种与幼儿发展有关的符号系统的参与，从而促使幼儿在外界环境因素的刺激和强化作用下，产生积极地运用语言与人、事、物交往的需要和愿望，并主动地通过各种符号手段（包括音乐、美术、动作、语言等）作用于环境。在这样的学习中，一方面是语言知识，另一方面是认知知识，还有一方面是社会知识，三方在语言操作实践中得以综合锻炼，并继续对环境产生良性反馈作用。语言教育内容与方式的整合，构成良好的语言教育环境，幼儿不再单纯为了学说话而说话，不再被动接受教师传授的语言知识，他们在整合的语言教育环境中获得的是语言和其他方面共同发展的机会。

（三）活动教育观

幼儿语言教育的活动观，是指以活动的形式来组织幼儿语言教育的过程，帮助幼儿学习语言。幼儿语言教育的活动观具体体现在教育过程中，要求教师更多地提供幼儿充分操作语言的机会，鼓励幼儿以多种方式操作语言和发挥幼儿在操作语言过程中的主动性。

1. 提供幼儿充分操作语言的机会

幼儿语言能力是幼儿个体通过与外界环境中各种语言和非语言材料交互作用才得以逐步获得的。幼儿语言发展离不开外界环境中的人、事、物的各种信息，但这些信息不是由成年人灌输去强迫儿童接受的，而是在没有压力、非强迫的状态下，儿童通过自身积极与之相互作用而主动获得的。

2. 通过多种形式的操作，促进幼儿语言的发展

幼儿语言的发展有赖于认知的发展，而认知的发展主要依靠幼儿自身的动作。幼儿正处于动作思维向具体形象思维发展的阶段，对客观事物的认识主要依赖于自身的各种操作活动，通过动手、动脑和手脑并用的操作发生与环境的交互作用。幼儿在亲身体验中增强语言操作的积极性，获得愉快、成功的体验。

3. 注意发挥幼儿在活动中的主体作用和教师在活动中的主导作用

所谓幼儿的主体地位，是指在活动设计时充分考虑内容和形式，以适应幼儿发展水平和需要。幼儿在活动过程中始终有积极的动机、浓厚的兴趣和主动参与的精神，而不是消极被动的受教者。活动为每个参与的幼儿提供适合他们发展特点与需要的环境条件。教师在幼儿活动中从旁引导，扮演促进儿童积极参与、良性发展的角色。

🔍 小提示

如何设置活动目标
——以小班语言故事《不怕冷的大衣》为例

下过雪，又刮风，天好冷啊！小白兔在被窝里睡懒觉。"快起来，快起来，我的小乖乖。"兔妈妈叫小白兔起来。"不起来，不起来，起来要冻坏。"小白兔怎么也不肯起来。

兔妈妈想了想，忽然自言自语起来："唉，天也真冷，要是穿上姥姥家那件不怕冷的大衣，那就太好了，冻不着，还冒汗呢。"

"真的吗？"小白兔听了，觉得很奇怪，从被窝里伸出小脑袋，"姥姥家真有不怕冷的大衣？您穿过吗？"

"没有，没有。姥姥说，这件不怕冷的大衣，是给她的小外孙做的……"

"姥姥的小外孙就是我呀！是给我做的，是给我做的，妈妈，妈妈，您快上姥姥家去，把大衣拿回来。"

"这可不行。姥姥说了，不怕冷的大衣呀，谁来拿都不给，只有小外孙来拿才给。"

小白兔一蹦，从被窝里蹦出来，穿上小棉袄，套上小棉裤，围上小围巾，戴上小绒帽。"妈妈，妈妈，我到姥姥家去了。"

"哎呀，别去吧，外面风大着呢，你不怕冻坏吗？"

"没关系，不要紧。姥姥给了我不怕冷的大衣，我就冻不坏了。"

小白兔说完话，就往外跑。哟，风刮在脸上，像刀子割一样疼。小白兔想早一点拿到不怕冷的大衣，就飞快地跑起来。跑呀，跑呀，怎么了？脖子热烘烘的。它把围巾拿了下来，跑呀，跑呀，怎么了？头顶热乎乎的。它把帽子拿下来。跑呀，跑呀，到了姥姥家，额头上都冒汗了。

兔姥姥看见小白兔，心里可高兴了，拣了个挺大的胡萝卜给它吃。小白兔说："我不要吃胡萝卜，我要穿大衣，不怕冷的大衣。"

兔姥姥呆住了，说："哪有什么不怕冷的大衣呀？"

"妈妈说的，您给我做了一件不怕冷的大衣，穿上它，冻不着，还冒汗呢……"

兔姥姥想了想，明白了。"小乖乖，看你头上汗滋滋的，不怕冷的大衣不就穿在你身上吗？"

小白兔想了想，也明白了。小朋友，不怕冷的大衣是什么，你们明白了吗？

活动目标一

（1）知道冬天多运动就不怕冷。

（2）通过体育运动进一步体验"不怕冷的大衣"。

活动目标二

（1）能认真地倾听故事，了解故事内容。

（2）能响亮地说出故事中的主要人物，读准动词"躲""跑""跳"。

（3）通过运动感受"不怕冷的大衣"就是运动。

请对活动目标一和活动目标二进行对比，做出评价并阐述学前儿童语言教育目标制定的依据。

活动目标设置分析

活动目标一虽体现了整合的教育理念，却忽视了"语言教学"这一重要目标。教学目标的制定应符合本学科的特点，即使进行整合教学，也必须以本学科的内容为重点，整合进来的内容应为本学科的教学目标服务。

学前儿童语言教育目标制定的依据

（1）社会的要求。在现有的政治、经济和文化等社会条件下，学前儿童语言教育目标应当反映现阶段的价值观和取向，并且要适应生产力发展水平对人才培养的要求，同时还要具有一定的针对性和前瞻性。

（2）学前儿童发展的规律。尊重学前儿童的身心发展规律，特别是他们语言发展的特点和需求，根据他们的实际状况来确立促进其语言发展的方向。

（3）语言性质和学科的特点。充分考虑语言的学科性质及其对学前儿童的教育功能和价值，在教育目标中充分体现语言学科的逻辑结构和学前儿童语言学习的心理顺序，并将两者有机地结合起来。

六、幼儿园语言教育方法

幼儿园语言教育的方法是教师为发展幼儿的语言创设条件和提供机会，让幼儿参与各种丰富多彩的活动，支持、鼓励、吸引幼儿在与人、物、环境、材料等交互作用的过程中，学习语言、发展语言。

幼儿园语言教育方法，一般有示范模仿法、视听讲做结合法、游戏法、表演法和练习法等。

（一）示范模仿法

示范模仿法是指教师通过自身规范化的语言，为幼儿提供语言学习模仿的榜样，让幼儿始终在良好的语言环境中自然地模仿学习。教师的示范是幼儿进行语言模仿的基础。

（二）视听讲做结合法

"视"是指教师提供具体形象的讲述对象，让幼儿充分地观察；"听"是指教师用语言描述、启发、引导、暗示、示范等，让幼儿充分地感知与领会；"讲"是指幼儿在感知理解的基础上，充分地表述个人的认识；"做"是指教师给幼儿提供一定的想象空间，通过幼儿的参与或独立的操作活动，帮助幼儿充分构思，从而组织起更加丰富、连贯、完整、富有创造性的语言进行表述。视听讲做结合法的四个方面必须有机地结合，"视""听""做"都是为"讲"服务的，在"讲"的过程中，促使幼儿语言能力的发展。

（三）游戏法

游戏法是指教师运用有规则的游戏，训练幼儿正确发音，丰富幼儿词汇和学习句式的一种方法。游戏应符合幼儿的年龄特点，目的在于激发幼儿学习兴趣，集中幼儿的注意力，促进幼儿各种感官和大脑的积极活动。游戏法是幼儿语言教育中常见的活动方式之一。

（四）表演法

表演法是指在教师的指导下，幼儿扮演文学作品中的人物，根据作品情节的发展，通过对话、动作、表情等再现文学作品，以提高口语表现力的一种方法。

（五）练习法

练习法是指有意识地让幼儿多次使用同一个言语因素（如语音、词汇、句子等），或训练幼儿某方面语言技能、技巧的一种方法。通过练习，学前儿童可以深入理解语言教育的有关内容，牢固掌握有关的语言知识，熟练运用语言技能。

🔍 **小提示**

游戏法案例——熊猫吹泡泡

准备"熊猫吹泡泡"贴图一张，在熊猫的嘴边开一道子，把一个个写有拼音字母的"泡泡"藏在里面。

游戏开始时，教师对幼儿说："熊猫要吹泡泡了，大家要看清泡泡上写着什么。"

教师抽出一个"泡泡"让幼儿朗读。

读好后大家一起念儿歌："小熊猫，吹泡泡，泡泡圆，飞得高；比比谁的本领大，看看谁能读得好。"

教师再抽出一个"泡泡"让幼儿朗读，游戏依次反复进行。

表演法案例——蝴蝶姑娘嫁丈夫

表演《蝴蝶姑娘嫁丈夫》时，可以由一名幼儿扮演蝴蝶姑娘，其余三至四名幼儿扮演相送者。

哗嘟嘟，哗嘟嘟，蝴蝶姑娘嫁丈夫——扮演"蝴蝶姑娘"的幼儿站在中间，大家一起做手拉手的摇摆动作，或者几个人并排互相将手搭在对方肩上以示喜庆场面。

谁奏乐？知了吹笛蛙打鼓——"蝴蝶姑娘"念第一句"谁奏乐？"，其余幼儿念"知了吹笛蛙打鼓"，并做吹笛、打鼓的动作。

谁提灯？小河边上的萤火虫——几个人一起做提灯动作，注意提灯的手势略微高一点。

谁搀扶？螳螂来当搀扶婆——几个人上去搀扶"蝴蝶姑娘"，但注意动作要有美感，尽量是优美的舞蹈动作，不能显得凌乱。

谁相送？蚂蚁哥哥带队伍——几个人排着队、唱着歌相送。

所有参与表演的幼儿的表情都是欢快、喜庆的，动作设计、歌舞音乐等都可以灵活调整，只要适宜、恰当就行。

七、拓展思考

（1）幼儿语言发展的特点和规律是什么？

（2）请列出幼儿园的特色和教育理念。

（3）到幼儿园观摩一次语言教育活动，并做好活动记录，完成幼儿园一日活动语言教育机会表（见表0-3）。一日活动安排可根据观摩幼儿园的实际安排进行调整。

表0-3　幼儿园一日活动语言教育机会表

一日活动安排	专门的语言教育内容	渗透的语言教育内容
入园接待		
晨间活动		
上午教学活动		
休息时间		
户外活动		
餐前准备		
午餐		
餐后活动		
午休		
点心时间		
下午教学活动		
游戏阅读		
离园		

01

学习情境一

谈话活动

学习情境描述

当幼儿进入幼儿园的时候，虽然已经具备了一定的语言表达能力，但是与人交谈的能力和水平显然还是处于初步发展的阶段。幼儿需要在日常生活中运用口语表达自己的想法、感受及与人交往。而幼儿的语言能力是在交流和运用的过程中发展起来的。在日常生活中应为幼儿创设自由、宽松的语言交往环境，鼓励和支持幼儿与其他人交流，让幼儿想说、敢说、喜欢说并能得到积极回应。

学习目标

- 掌握在幼儿园谈话活动中教师的指导方法。
- 能够正确运用幼儿园谈话活动的组织方法。
- 设计并组织实施幼儿园谈话活动。
- 了解幼儿园谈话活动的特点和语言教育目标。

学习任务

任务一　日常谈话活动

一、任务描述

幼儿园种植区的蔬菜开始生长了，小朋友们每天早上都喜欢去种植区观察蔬菜的变化，小朋友每天都会展开关于蔬菜的日常讨论。今天早上花花和果果小朋友就拉着刘老师的手说："刘老师，我发现我种在种植区的蔬菜变成绿色了。"

"那是什么蔬菜变成绿色的啦？""我也不知道那个绿色的蔬菜叫什么名字。"由此，刘老师和花花、果果小朋友将展开以"我认识的蔬菜"为主要内容的日常谈话活动。

二、学习目标

（1）掌握在幼儿园日常谈话活动中的指导方法。
（2）引导幼儿主动、大胆地说。
（3）为幼儿创设语言交流的情景。
（4）根据幼儿不同年龄阶段实施幼儿园日常谈话活动。

三、设计并实施日常谈话活动

在幼儿园中，日常谈话随处、随时可见，幼儿好奇心强，想象力丰富，因而在他们充满童真与稚气的畅所欲言中，当他们的描述与实际情况有出入时，特别是当幼儿中出现与老师看法不一致时，教师要及时给予肯定，引导幼儿积极大胆地谈。该任务向我们描述了在晨间活动中幼儿与教师的谈话话题，下面按照日常谈话实施要求，完成日常谈话活动的组织与实施。

1. 小组任务分配

根据任务信息对学生进行分组，并分解任务给每一位学生，小组任务分配表如表 1-1 所示。

表 1-1 小组任务分配表

班级		组别		指导教师	
组长					
组员	姓名	备注		姓名	备注
任务分工					

2. 获取信息/工作准备

引导问题 1：（多选题）幼儿日常语言交流的意义包含（　　　）。

A. 能促进幼儿理解能力和表达能力的发展　　　　B. 能实现沟通

C. 能促进幼儿社会交往能力的发展　　　　　　　D. 能让话题变得更有趣

引导问题 2：（多选题）日常谈话活动的特点有（　　　）。

A. 有目的、有计划地创造交谈机会

B. 是无预期目标和计划的谈话，具有自发性和随机性

C. 体现了教师的指导作用

D. 更多地发挥幼儿的主动性

E. 在集体场合下进行

F. 在两名或两名以上幼儿中发生

G. 是固定的，是教师根据教育目标、计划而精心设计的

H. 是非固定的，是幼儿随意产生的

I. 是利用正式活动时间专门进行的

J. 一般发生在自由活动中

引导问题 3：晨间谈话，是幼儿一日活动的开始，是教师和幼儿间的一次情感交流，同时也是锻炼幼儿言语表达的好时机。请写出日常教育教学活动中的"四有"晨间谈话法。

_____

_____

_____

_____

_____

🔍 **小提示**

　　刚上幼儿园的孩子由于环境和生活方式的突然改变，他们需要不断地确定：我是安全的吗，爸爸、妈妈离开了还会回来接我吗？在情感和认知的拉锯中，他们难免会产生身体的不适应和心理的焦虑。所以我们会发现小班的孩子一进教室就像受了委屈一样，情绪低落。面对这样的情形，我始终笑盈盈，面带微笑、和颜悦色，说话温柔可亲，给孩子一种亲近感和安全感，通过安抚性谈话，让他们感受到教师的疼爱，体会到幼儿园的温暖，消除他们的思想顾虑，使其心情愉快、活泼开朗地投入一天的学习生活中。同时我也是一个耐心的倾听者，赞同孩子的一些观点，做他们的知音，取得孩子的信任。

　　晨间谈话其实是给孩子提供一次口语表达的机会，我对不同年龄段的孩子根据他们的生理、心理特点和阅历，有计划地制定出交流的内容，逐步引导他们的口语表达能力提升。比如我针对中班孩子的特点，给第一学期排出了这样的晨间谈话的计划单。第一阶段（第1个月）：昨晚做了哪些事情——讲讲昨晚动画片的故事，说说早上路上见到的事物……主要围绕孩子本身设计。第二阶段（第2、第3个月）：谈谈你的爸爸和妈妈，谈谈你喜欢的小朋友，谈谈你喜欢的玩具……主要围绕孩子周围熟悉的事物来设计。第三阶段（第4个月）：周末你想做什么，昨晚你做了什么梦，你最想成为动画片里的哪个人物……主要围绕孩子的想象设计。话题由简到难，循序渐进，引导孩子学会表达。

　　晨间活动要谈哪些内容呢，我想，大致有这么几类：①疏导类，让情绪不好的孩子诉说委屈和不快；②观察表达类，围绕一幅图画来边观察边描述；③表达感受类，听完一个故事后表达自己的感受；④述说见闻类，说说自己耳闻目睹的事情；⑤想象类，让孩子插上想象的翅膀，说憧憬，说梦幻等。

　　等到孩子有了一定的口语表达基础，可以为其提供一定的情境，让孩子身临其境，进行感受和表达。如让孩子听一段流水的声音，让他们想象自己来到了什么地方，看到了什么，听到了什么。再如让孩子闭上眼睛，想象自己来到了一个玩具店，说说都看到了哪些玩具，自己最喜欢哪个。还比如让孩子"来到"一个故事情节里，充当一个故事角色，去表演、去表达等。这样，孩子的想象力、思维力和情感都会得到很大的发展。

3. 工作计划

　　引导问题4：在表1-2中列出6个适合进行幼儿园日常谈话活动的话题。

表1-2　日常谈话活动的话题

序号	日常谈话话题	班级
1		
2		
3		
4		
5		
6		

　　引导问题5：以小组为单位讨论出"我认识的蔬菜"日常谈话活动的大纲（见图1-1）。

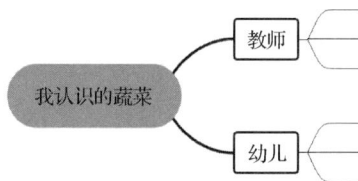

图 1-1　"我认识的蔬菜"谈话大纲

🔍 **小提示**

　　有的话题可以由教师引出，幼儿自由发挥和延伸；有的话题由幼儿发起，话题内容广泛而且富有童趣，充满幼儿的智慧和爱心。比如："爸爸老爱吸烟，怎么办""为什么妈妈老管这么紧""家里没伙伴怎么玩""三八妇女节我们能为妈妈做什么""乌龟过冬会不会饿死""小鱼在睡觉时闭眼睛吗"。访谈既可以在幼儿园进行，也可以在家庭甚至社区进行；采访对象可以是幼儿园中的小朋友，也可以是爸爸、妈妈或其他人。例如，设计"妈妈的童年跟我们一样吗""帮助了我们的人""大家喜欢吃什么糖"等访谈题目，让每个幼儿都尝试当小记者，采访身边的人，这会更好地激发幼儿对交谈的兴趣。

引导问题 6： 教师在组织幼儿进行日常交流时应注意的问题。

_____

_____

_____

_____

🔍 **小提示**

　　乐乐四岁多了，是一个内向、不爱说话的孩子，说话时表达不清楚。乐乐的鞋带松了，他指着鞋子对老师说："嗯嗯。"
　　老师问："乐乐，你有什么事吗？"乐乐答："鞋带。"
　　老师说："如果乐乐说'请老师帮我系一下鞋带'，我就听懂了。"
　　乐乐说："请老师帮我系一下鞋带。"老师说："乐乐，你说得真好！"

---

4. 做出决策

引导问题 7： 分组讨论该谈话活动内容的制定，根据谈话内容设置关键的引导性、发散性问题。

问题一：_____

问题二：_____

问题三：_____

问题四：

问题五：

引导问题 8：针对以下现象，应当如何加强幼儿间日常谈话交流？

现象 1：幼儿只喜欢与老师交流。在教育活动中，幼儿有什么发现只想告诉老师，完成的作品只想拿给老师看，经常出现多个幼儿争着与老师交流的现象，令老师应接不暇。此时老师虽然也要求幼儿相互之间进行交流，但幼儿依然围着老师，老师深感无奈。

原因分析：一是老师的指导方向及其本身所具有的权威性，直接影响幼儿的态度与行为，导致幼儿只喜欢与老师交流。二是老师的语言误导了幼儿。我们经常听到老师在操作前对幼儿提出这样的要求，如"有什么发现等会儿告诉老师""做好了拿给老师看"。等多个幼儿同时想与老师交流时，老师才忙于提示幼儿相互交流，这种补救式的引导对于已产生思维定势的幼儿不起作用。

改进方法：

现象 2：在集体中，很多幼儿只想讲不想听。就讲与听而言，幼儿不愿意听。当某个幼儿在讲述的时候，其他幼儿注意力不集中，心浮气躁，难以静下心来倾听，出现违规行为。有的幼儿则是不想讲也不想听，自由交流时更多是无所事事，在活动中很少与同伴主动交流。

原因分析：老师对幼儿的交流表现为低度关注。集中交流时，老师的目光常常游离于表达者之外，不是提醒其他幼儿注意听讲，就是想着如何完成自己的教学任务或下一环节如何组织等。老师对幼儿交流的低度关注，在一定程度上影响了幼儿良好的倾听意识与倾听习惯的养成。

老师提出的问题笼统、枯燥。在幼儿操作中和操作后，老师常要求幼儿说"做了什么，是怎么做的""发现了什么"。这种枯燥、笼统且模式化的问题，导致幼儿不喜欢讲或不懂得讲，从而影响表达的效果。

老师对交流产生认识偏差。老师把交流局限于语言的交流，认为只有用语言表达出来才说明幼儿有交流，把交流当成发展幼儿语言的硬性任务。如活动中老师不停地发问或要求幼儿相互交流，本意是更好地引导幼儿学习，殊不知却给幼儿的思维与操作造成很大的干扰，让幼儿感到交流是一种负担，从而影响了交流的兴致和交流的效果。

交流流于形式。集中交流时，常常是老师问、幼儿答，而且往往是在问题提出后，老师就急于表明自己的观点，或急于进入下一环节，幼儿想说的欲望和机会没能得到满足，这种流于形式的交流不仅影响了说的质量，也影响了听的质量。

改进方法：

5. 工作实施

引导问题9：各组展示"我认识的蔬菜"日常谈话活动大纲和关键性提问。

（1）各组代表阐述设计内容。

（2）各组对其他组的设计内容提出自己的看法。

（3）教师结合大家的意见进行点评，引导学生对设计内容进行改进。

改进后：

_____

_____

_____

_____

引导问题10：完成日常谈话活动的设计时，教师需要注意的问题有哪些?

_____

_____

_____

_____

6. 评价反馈

工作任务完成情况采取多元化评价，本次任务由学生自评学习过程（见表1-3）、学生互评工作过程（见表1-4）和教师对小组评价（见表1-5）构成。

表1-3 学生自评表

姓名		班级		小组	
时间			地点		
序号	自评内容		分值	得分	备注
1	小组内的任务完成情况		10		
2	能有效利用网络资源、工作手册等查找有效信息		20		
3	自己的建议被小组采纳		30		
4	可以执行小组的设计方案		10		
5	能做到倾听		20		
6	运用教具的情况		10		
	总分		100		

认为完成得好的地方	
认为完成得不满意的地方	
认为整个学习过程需要完善的地方	

自我评价：

表 1-4　学生互评表

班级		学习小组			
评价项目	评价内容		分值	得分	备注
内容	1. 日常谈话内容适合该幼儿年龄段 2. 选择的日常谈话内容符合幼儿谈话特点 3. 日常谈话内容设计新颖，吸引幼儿注意 4. 日常谈话方式轻松愉快，无压迫感		40		
组织过程	1. 日常谈话活动中，提问科学合理 2. 教师作为谈话活动的引导者，以幼儿为主体展开日常谈话 3. 能有效利用教具，使用恰当、合理 4. 提问简洁准确，能引导幼儿进行更深层次的谈话 5. 善于根据幼儿日常谈话内容，感知问题并及时调整		50		
其他	整体效果、师幼互动、关注个体		10		
总分			100		

表1-5　教师评价表

班级			学习小组		
评价项目	评价内容		分值	得分	备注
认知程度	学习目标明确；工作计划具体，结合实际；具有可操作性		10		
情感态度	工作态度端正，注意力集中，有工作热情		10		
团队协作	积极与他人合作，共同完成工作任务		10		
参与程度	1. 学生通过认真观察，能够主动发现和提出问题，有条理地表达思考过程 2. 学生善于倾听，在倾听中思考，在倾听后评价他人发言，及时补充自己的想法 3. 学生善于思考，能够提出解决问题的策略，表达自己独特的见解 4. 积极参加小组学习活动，分工明确，主动与同学合作交流，并且能够解决问题或产生新的认识		40		
参与效果	1. 学生具备良好的学习意志品质和道德品质 2. 学生养成自主学习的习惯，有竞争意识和合作意识 3. 学生具有问题意识，敢于质疑问难，发表不同的见解 4. 不同程度的学生均得到发展，从整体上达到教学目标		30		
总分			100		

四、拓展思考

观摩幼儿园日常谈话视频，撰写观察记录，分析教师的关键性提问和教学方法的运用。

五、与日常谈话活动相关的知识点

💬 知识点

幼儿园日常谈话环节的指导策略

1. 新奇有趣愿意"谈"

教育心理学研究表明，帮助孩子将新的概念、信息与他们已经知道和感兴趣的事物联系在一起，将使他们更容易记住和使用这些概念和信息，从而进行新旧经验的对接，不断丰富和拓展知识。比如，在小小班"马路上的车"际遇活动中，幼儿谈到了公共汽车。

师：小朋友见过什么车？

幼：有公共汽车，公共汽车是大大的。

幼：我坐过公共汽车。

师：公共汽车是什么样的？

幼：公共汽车有轮子。

师：轮子是什么样的？

幼：轮子是圆圆的。

幼：没有轮子就不能动了。

幼：轮子是黑黑的。

师：公共汽车的轮子跟小汽车的轮子有什么不一样？

幼：公共汽车的轮子比小汽车的轮子大，因为公共汽车很高。

师：公共汽车还有什么？

幼：有方向盘。

师：方向盘是什么样的？

幼：是圆圆的，可以转（做出转方向盘的姿势）。

幼：我坐 102 上幼儿园。

师：102 是什么？

幼：我坐 102 上幼儿园，坐其他车就不能上幼儿园。

师：102 是公交车路线的号码对不对？

幼：对。

在际遇活动中，教师如果发现孩子们谈论的话题都聚焦在一个点上，就说明这个话题是孩子们感兴趣且具有一定经验的。如上面的例子，教师发现即使是 3 岁的孩子对这个世界也已经有很多的了解，但每个孩子对事物的认识可能都有侧重的地方。教师通过让孩子们表达自己的所知所想，让孩子从同伴或教师身上获取新的经验。

2. 提开放性的问题

教师有目的地提问，可以大大降低幼儿注意力转向的可能性。更重要的是，开放性问题能引发幼儿的深层次思考，点燃他们的好奇心，推动他们使用新的方式进行思考。

例如，在中班际遇活动"小动物的发现"中，教师和幼儿谈到以下内容。

师：种植的时候你们有什么发现呢？

幼：白菜被虫子咬了，虫子是圆圆的。

幼：有些虫子有翅膀，有些虫子没有翅膀。

幼：虫子有很多的脚，它们会在白菜上爬来爬去。

幼：我看到的虫子会生蛋。

师：怎么样才能除虫呢？

幼：用手抓。

幼：要杀虫剂才能除虫。

幼：不行，如果用杀虫剂会把花给杀死的，我觉得应该用水。

幼：用水就会把花给淹死了。

幼：不能用水浇，会淹死花的，而且水是冲不掉虫子的。

幼：用蒜头来杀虫，可以把虫子杀死。

幼：蒜头很辣，可以把虫子杀死。

幼：我妈妈说蒜头可以杀死细菌，也可以杀死虫子。

幼：但我们要把它做成杀虫剂才可以。

师：还有什么办法除虫呢？

幼：我看到植物上有蜘蛛网，蜘蛛会抓虫。我摸到了，蜘蛛网是透明的。

师：为什么会有蜘蛛网？

幼：哪里有虫子哪里就有蜘蛛，蜘蛛是吃虫子的。

师：你见过的蜘蛛网是什么样子的？

幼：线很多，缝隙小。

幼：是白色的、圆形的。

幼：是前面有一条线的。

幼：蜘蛛网很坚固。

从上面的例子可以看出，幼儿思维的不断拓展，正是教师通过提开放性问题这一手段实现的。所有的际遇性谈话破除了以教师为主、幼儿为辅的模式，把舞台还给幼儿，教师只是起穿针引线的作用。教师的提问经常使用"有什么""怎么样""为什么""有什么不同""有什么关系"等开放性的方式，引导幼儿回忆、思考、想象、提出假设，从而不断拓展幼儿的思维。一个老道、专业的教师善于应用提问方式，帮助幼儿聚焦所要关注的主题。教师越能使用这些策略，就越能成为一位合格的教师。

3. 生活中寻找主题——想说就说

教育技巧的奥秘之一在于：幼儿从一个好老师那里很少听到禁止，而经常听到的是表扬和鼓励。教育工作者的任务在于发现每个受教育者身上美好的东西，发展它们，不去用学校里的条条框框限制它们，鼓励受教育者大胆表达和表现。陶行知先生提出的"六大解放"实际上就是要给幼儿以极大的自由，把焦虑水平降到最低程度，从而使幼儿的巨大潜能释放出来。因此，在日常生活中，教师要为幼儿创设一个毫无学习焦虑情绪的谈话氛围，让他们想说就说。

（1）一日生活中有话题。

由于幼儿在一日生活中处于一种放松、自然的状态，教师可以以一日生活各个环节为主题，让幼儿围绕自己感兴趣的中心话题，自由地表达个人见解。如入园时幼儿从怎么做才是文明有礼的好孩子去谈；进餐时请幼儿从食物的色、香、味、营养等角度去谈；区域活动时，请幼儿从规则、活动情况和作品展示等方面展开交谈；离园前，请幼儿谈谈一天的收获和进步；等等。

（2）节日活动中有话题。

把节日作为谈话的主题是能引起幼儿的兴趣和共鸣的。如端午节的谈话，可以从端午节的传说、端午节的风俗习惯等开展一系列谈话活动，既丰富了幼儿的知识，也增强了幼儿的参与意识。每一次节日谈话都可以分成2~3次，即节日前一天的预热了解，节日当天的热情参与，节日过后的回忆升华，让幼儿在谈话中把节日深深印在脑海里。

（3）自然环境中有话题。

如在自然环境中进行实物拟人化谈话，柜子的秘密、小椅子的悄悄话、小花的眼泪等。借助环境创设中的内容，尽量多地让幼儿谈。无论幼儿原有经验怎样，无论他们用什么样的表达方式谈话，他们都可以在这个范围里根据个人的感受发表见解，针对谈论主题说自己想说的话，说自己独特的经验。

（4）社会生活中有主题。

幼儿眼中的世界是七彩的、多元的，他们渴望认识整个世界，因此教师可以把职业、场所、社会活动作为谈话的主题。幼儿可以畅所欲言，教师应鼓励幼儿多听多看多说，增长见识，树立自信。

教师在鼓励幼儿积极交谈时不要要求他们使用准确无误的句子、完整连贯的语段，应让幼儿感到交谈气氛很宽松自由，能够无拘无束地谈论。

由于幼儿好奇心强，想象大胆，因而在他们充满童真与稚气的言论中，创造性若隐若现，当他们的一些想法稀奇古怪、超越客观现实时，当他们的描述与实际情况有出入时，特别是当幼儿中出现与教师看法不一致时，教师应及时给予肯定，并敏锐地捕捉创造思维的闪光点，加以科学的引导，使幼儿知道教师是非常理解和尊重他的，从而使幼儿在心理上产生安全感和轻松愉快感。这些积极情感又增强了幼儿的自我意识和自信心，进一步激发他们想谈、愿谈、敢谈的兴趣和欲望，并在活动中迸发出更多的能量和创造性，萌发自主学习的意识。

任务二　集体谈话活动

一、任务描述

近期幼儿园开辟了动物养殖区，幼儿对此充满了兴趣，每天都会针对小动物这个话题展开探讨。因此，罗老师将设计组织一次关于以"可爱的动物"为主要内容的集体谈话活动。

二、学习目标

（1）根据谈话活动内容准备适应的教具。
（2）具备教学的实际组织能力与操作能力。
（3）掌握幼儿集体谈话活动的组织形式和基本方法。
（4）根据幼儿不同年龄阶段组织并实施幼儿园集体谈话活动。

三、设计并实施集体谈话活动

幼儿园的集体谈话活动，是一种有目的、有计划地组织幼儿围绕某一个话题进行谈话的语言教育活动。该任务来源于区角，教师应抓住话题，根据集体谈话活动流程，设计并组织实施一次集体谈话活动，来促进幼儿的语言发展与创造性思维的发展。

1. 小组任务分配

根据任务描述对学生进行分组，并分解任务给每一位学生。小组任务分配表如表1-6所示。

表1-6　小组任务分配表

班级		组别		指导教师	
组长					
	姓名	备注		姓名	备注
组员					
任务分工					

2. 获取信息/工作准备

引导问题 1：对下列集体谈话活动内容进行填空。

（1）幼儿园集体谈话活动，主要是指＿＿＿＿＿＿＿，运用＿＿＿＿＿的方式，引导幼儿＿＿＿＿＿教育活动。

（2）集体谈话活动是以＿＿＿＿＿形式进行的，谈话的进程往往在教师控制之下，交流的形式包括＿＿＿＿＿＿＿＿＿＿。

引导问题 2：在幼儿园集体谈话中，要让幼儿有兴趣参与谈话并且在活动中能有效进行交谈，话题选择非常重要。那么，话题应该具备哪些特点呢？

_____

_____

_____

_____

_____

🔍 **小提示**

有趣的话题是那些幼儿特别关心的事物，如玩的、吃的、有意思的事物等，诸如"我喜爱的玩具""我爱动画""好吃的糖果""好吃的饼干""可爱的动物"等。有趣的话题也常常与幼儿近期生活中关心的事物或事件有关。比如，由观看北京奥林匹克运动会开幕式引发的谈话"我喜爱的体育运动"，母亲节或父亲节前后进行的谈话话题"我的妈妈"或"我的爸爸"等。而那些反复提起和讨论的话题，一般难以引起幼儿强烈的兴趣和交谈的意愿。

幼儿对所谈的主题具备一定的生活经验，对主题有基本的看法和态度，在谈话活动中才会有话可说。只有幼儿愿意表达，有话可说，才能形成交流和讨论的氛围，保证谈话能轻松愉快地进行下去。

另外，选择话题时也应考虑到幼儿的年龄特点。小班的谈话活动主题一般是关于具体的实物，比如玩的、吃的等；中班的谈话活动主题可增加关于人物的内容，比如我的妈妈、我的爸爸、我的朋友等；大班的谈话活动主题可增加描述现象的内容，比如我长大了、我的心愿等。

引导问题 3：表 1-7 所示为幼儿谈话活动目标，请在表中列出各年龄段目标。

表 1-7　幼儿谈话活动目标

小班	中班	大班

1. 学会安静地听同伴说话，不随便插嘴
2. 初步学习常见的交往语言和礼貌用语
3. 继续学习交往语言，提高语言交往能力
4. 能主动地用普通话与同伴交流，态度自然、大方
5. 能围绕话题谈话，会用轮流的方式交谈，并能用恰当的语言表达自己的情感，与同伴分享感受
6. 能听懂并愿意说普通话
7. 在教师的引导下，学习围绕主题谈话，能用短句表达自己的意思
8. 喜欢与同伴交谈，愿意在集体面前讲话
9. 乐意与同伴交流，能大方地在集体面前说话
10. 逐步学会用修补的方法延续谈话，进一步提高语言交往水平
11. 能集中注意力，耐心地倾听别人谈话，不打断别人的话
12. 能用普通话连贯地表达自己的意思
13. 学会围绕一定的话题谈话，不跑题；学会用轮流的方式谈话，不抢着讲，不乱插嘴
14. 能主动、积极、专注地倾听别人谈话，迅速掌握别人谈话的主要内容，并从中获取有用的信息

引导问题 4：写出幼儿园集体谈话活动的设计步骤。

_____

_____

_____

_____

_____

⚙ 小提示

谈话活动情景创设：我的爸爸

　　教师用语言创设谈话情境：每个人都有自己的爸爸，每个爸爸都不一样。爸爸有哪些地方不一样呢？比如，爸爸身材不一样，有的孩子的爸爸是胖胖的，有的孩子的爸爸是瘦瘦的；爸爸工作不一样，有的孩子的爸爸是教师，有的孩子的爸爸是工人，还有的孩子的爸爸是医生；爸爸爱好不一样，有的孩子的爸爸喜欢打游戏，有的孩子的爸爸喜欢美食，还有的孩子的爸爸喜欢工作。我们都爱自己的爸爸。今天，老师请小朋友们来说一说自己的爸爸，好吗？

3. 工作计划

引导问题 5：按照话题内容，小组成员共同制定详细的集体谈话的设计方案，如表 1-8 所示。

表 1-8　集体谈话的设计方案

人员姓名	制定内容	备注

引导问题 6：写出你们小组关于以"可爱的小动物"为主要内容的集体谈话活动的设计方案，如表 1-9 所示。

表 1-9　活动设计方案

班级		活动名称		重点领域	
主班教师		配班教师		活动时长	
设计意图					
活动目标					
活动准备					

	活动环节	活动内容	教学方法	备注
活动过程	导入活动			
	基本活动			
	活动迁移/结束			
活动反思				

引导问题 7：教师在准备集体谈话活动材料时应注意哪些问题?

_____

_____

_____

_____

_____

⚙ **小提示**

大班谈话活动材料准备案例：多彩的服装

材料准备：职业服装（图片或幻灯片），民族服装（图片或幻灯片），季节服装（实物或幻灯片），有特殊用途的服装（如太空服、模特表演服装、雨衣等，用幻灯片），有图案、有意思的服装（幻灯片），用皱纸或其他废旧材料自制的服装。

引导问题 8：表 1-10 所示为教具清单表，请列出集中谈话活动中需要使用的教具。

表 1-10　教具清单表

序号	名称	使用方法	数量	备注

4. 做出决策

引导问题 9：分组讨论该集体谈话活动环节内容的制定，根据谈话环节与内容设置关键性提问。

问题一：_____

问题二：_____

问题三：
_____

问题四：
_____

问题五：
_____

问题六：
_____

问题七：
_____

引导问题 10：由教师带领学生共同确认各小组集体谈话活动的方案。

_____

_____

_____

_____

_____

5. 工作实施
引导问题 11：实施本组最佳方案。

引导问题 12：幼儿园集体谈话活动拓宽谈话范围应注意哪三个方面的内容？

_____

_____

_____

_____

_____

⚙ 小提示

中、大班谈话活动：可爱的动物

设计的拓展提问如下。

认识哪些动物？

喜欢哪些动物，不喜欢哪些动物，为什么？（幻灯片）

动物的叫声、动作。（模仿）

动物喜欢吃什么？

哪些动物最有趣？（水里的、地上的、空中的）

哪些动画片里的动物最有趣？（动画片片段）

动物为我们做了一些什么？（幻灯片）

如何保护动物？

引导问题 13：记录实施过程中存在的问题并提出解决措施，如表 1-11 所示。

表 1-11　问题分析

存在的问题	解决措施

6. 评价反馈

工作任务完成情况采取多元化评价，本次任务由学生自评学习过程（见表 1-12）、学生互评工作过程（见表 1-13）和教师对小组评价（见表 1-14）构成。

表 1-12　学生自评表

姓名		班级		小组	
时间				地点	
序号	自评内容			分值	得分	备注
1	主动配合小组关于集体谈话学习任务安排			10		
2	本次集体教育谈话活动教具的准备			20		

续表

序号	自评内容	分值	得分	备注
3	集体谈话活动的制定符合幼儿年龄特点	20		
4	帮助小组解决问题，提出有效意见	15		
5	个人本次集体谈话活动学习任务完成情况	20		
6	学习内容总结合理、全面	15		
	总分	100		

认为完成得好的地方	
认为完成得不满意的地方	
认为整个学习过程需要完善的地方	

自我评价：

表 1-13 学生互评表

班级		学习小组			
评价项目	评价内容		分值	得分	备注
目标认知程度	本次活动组织达成集体谈话活动教案中的目标		10		
情感态度	该组成员在实施集体谈话活动过程中具有较好的表现，注意力集中，有热情		10		
团队协作	该组成员在实施集体谈话过程中积极与他人合作，共同完成工作任务		10		
材料的准备	该组根据集体谈话内容准备了合适的教具		10		
参与程度	1. 该组成员通过认真观察，在集体谈话活动中主动发现和提出问题，有条理地表达思考过程 2. 该组成员善于倾听，在倾听中思考，在倾听后评价他人发言，及时补充自己的想法 3. 该组成员积极参加小组学习活动，分工明确，主动与同学合作交流，并且能够解决问题或产生新的认识		40		
思维状态	该组成员在组织实施集体谈话活动时能发现问题、提出问题、分析问题、解决问题、创新问题		10		
自评反馈	该组成员能严肃认真地对待自评		10		
	互评分数				

续表

项目	评价内容	分值	得分	备注
简要评析				

表1-14　教师评价表

班级			学习小组		
评价项目	评价内容	分值	得分	备注	
活动内容	1. 集体谈话内容适合幼儿年龄段	10			
	2. 选择的集体谈话内容符合幼儿谈话特点	10			
	3. 谈话内容设计新颖，能激发幼儿兴趣	10			
环境布置	1. 充分利用场地，布置适合谈话的环境与营造适合谈话的氛围	5			
	2. 教具安全卫生、简单易取	5			
	3. 活动材料与谈话目标、内容相匹配	5			
	4. 满足幼儿谈话活动的需要	5			
活动目标	1. 谈话活动目标明确，符合《指南》相应年龄段幼儿谈话活动目标及指导要点的要求	5			
	2. 有明确的情感目标，社会性发展得到充分的体现	5			
组织过程	1. 谈话活动过程各个环节的时间安排科学合理	5			
	2. 教师作为谈话活动的引导者，以幼儿为主体展开谈话	10			
	3. 能有效地利用教具，使用恰当、合理	5			
	4. 提问简洁准确，能引导幼儿进行更深层次的谈话	10			
	5. 善于根据幼儿谈话内容，感知问题并及时调整	5			
其他	整体效果、有效提问	5			
总分		100			

四、拓展思考

（1）教师在组织幼儿进行谈话时应注意的问题。
（2）选择幼儿园集体谈话活动话题时应注意的问题。

五、与集体谈话活动相关的知识点

💬 知识点 1

幼儿园集体谈话环节的指导策略

1. 集体教学中精心设计——学说会说

想谈、愿谈只是一种意识，如何使意识转变为行动，教师需要精心设计谈话活动，还需要通过多种渠道进行有目的的引导，才能实现双向或多向交流。

（1）适宜情境，引出话题。

可以用实物或直观教具创设谈话情境，如在"有营养的早餐"活动中出示包子、鸡蛋、粥等食物；也可以用游戏或表演的形式创设谈话情境，如在"我的好朋友"活动中通过游戏"找朋友"来引入，在"指五官"游戏中自然而然地引入"保护五官"的话题。教师一段精彩的广告表演也能恰如其分地引起幼儿对广告的兴趣。

（2）多种教法，鼓励创造。

在谈话活动中，教师要让幼儿充分地自由讲述内心的真实感受，让幼儿围绕话题自由交谈，还要注意交谈中的个别差异，鼓励每位幼儿积极参与谈话，真正形成双向或多向交流。在谈话活动中，教师还要教会幼儿创造之法，使幼儿会创造性地谈话。

（3）拼凑组合谈话法。

新鲜的话题偶尔中断后，幼儿就觉得无话可谈，然而借助幼儿较为丰富的词汇，进行无主题的词汇拼凑组合谈话却是幼儿极为感兴趣的。在一拼一凑中幼儿谈出了自己的思想，谈出了自己的意愿，更谈出了自己与众不同的聪明才智和创造潜能。

（4）想象谈话法。

在谈话活动中，有一种比学习语言、知识更重要的东西，那就是人的想象力。想象力是知识进化的源泉，是发明的翅膀，是成功的摇篮。

幼儿期是想象力较活跃、较丰富的阶段，幼儿的想象力越丰富，对谈话主题的理解就越有创见，谈话就显得越新异和与众不同。因此，教师应正确引导幼儿在想象的基础上大胆创新和构思。

（5）情境设问谈话法。

幼儿在遇到突发事件时，常常因不知所措而大哭或不语，而通过情境设问谈话可以让幼儿学会面对问题多思考解决问题的方法。如在讨论"有陌生人要带你走"话题时，有的幼儿说不跟他走，有的说赶紧找老师保护自己，有的说给爸爸打电话，还有的说报警。

（6）多角度谈话法。

幼儿期是思维模式逐渐形成和发展的阶段，教师应通过各种途径和方法加强幼儿创新思维的训练，引导幼儿从单一思维向多向思维拓展，从定势思维向开放性、独创性思维迈进，充分培养幼儿的创造能力，掌握全方位、多角度考虑问题的学习方法。

2. 角色中正确定位——引导支持

（1）智慧发问，多元讨论。

陶行知先生曾写过一首诗："发明千千万，起点是一问。禽兽不如人，过在不会问。智者问得巧，愚者问得笨。人力胜天工，只在每事问。"教师在谈话活动中的角色就是发问者。事实上，就意义来讲，提出问题确实不亚于解决问题，因为幼儿的问题在某种程度上反映了他们参与学习、掌握知识的状况和水平，同时幼儿的主体性也得到了发展。因此，教师提出的问题必须是高质量的、开放式的、能引发幼儿思考和讨论的好问题。而回答可以是多元的，允许幼儿做出多样的回答，尊重幼儿的不同见解，并使他们展开多角度、多层次的讨论，使幼儿的学习主动性得到充分发挥。

（2）隐性示范，间接指导。

在谈话活动中，变直接示范为间接指导，表现为教师以参与者的身份参加谈话，用平行谈话的方式对幼儿做隐性示范，如在谈"我爱吃的水果"时，教师谈论自己的见解，如自己喜欢的水果和喜欢的原因等。这时，教师并不明确要求幼儿观察自己，而是通过主导活动的方向和进程，向幼儿暗示谈话时组织交流内容的方法，鼓励幼儿在模仿的基础上大胆创新。

（3）面向全体，个别指导。

根据"面向全体，因材施教"的要求，在组织谈话活动时，教师应根据幼儿语言发展水平、思维能力等方面的差异，采用分层指导的教学方法。在幼儿围绕话题自由交谈时，应开展以小组为主体的谈话活动，通过教师与幼儿之间、幼儿与幼儿之间的相互作用进行个别指导。不善谈的幼儿直接在教师帮助下学习，一般的幼儿则就谈论话题自言自语地说或冷不丁地插入同伴的谈话，能说会道的幼儿凭借自己的经验及新的谈话思路进行表演性的轮流交谈，部分乐于倾听的幼儿就在倾听中学习谈话的秘诀，如此一来，每个幼儿都学有所得，又减轻了幼儿个人的羞怯感，增强了谈话者之间的社会性联系，可谓一举多得。

（4）提供机会，说得漂亮。

每个人都有表现自我和与人交往的需要，幼儿喜欢通过语言充分地表达自己的情感以及自己对世界的认识，教师应为幼儿创设各种表达想法和交流信息的机会，提供表现自我的舞台。比如开辟"我是小记者"栏目，利用每天晨间谈话的时间，请幼儿自由地谈论一些热点新闻，使幼儿充分展现自己的个性与创造力，尽情地表现自己的才能。为了能充分表现自我，获得同伴的赞同、喝彩，幼儿会不断在内容、方法、形式上创新，将自我表现得淋漓尽致。

（5）耐心倾听，随机调控。

在谈话活动中，尊重幼儿、注重幼儿自主发展并不是放任自流，教师应随机调控，促进幼儿语言逻辑性、切题性的能力发展。把握价值，在探讨中分析引导、适时等待，在生生互动中解决问题、善意商量，在交流中达成共识。

相信在这样一个宽松、自由、民主的谈话氛围中，在教师有效的策略引导下，幼儿会在不断的学习过程中想说就说、越说越好，从而在谈话活动中发展语言表达能力。

💬 知识点 2

案例展示

谈话活动：有趣的电视广告（大班）

活动目标

（1）幼儿能关注生活中有意思的东西，乐意与同伴分享自己的感受。

（2）幼儿能积极地倾听并围绕话题大胆、清楚地表达。

（3）幼儿能了解广告信息会给人们的生活带来方便，也会给人们的生活带来烦恼。

活动准备

（1）在教室里张贴一些广告图片，让学生进行调查并有选择地录制广告。

（2）在生活中，教师对幼儿喜欢的广告进行介绍。

（3）录音机、电视机、自制电视机。

活动过程

1. 导入部分

（1）教师与幼儿共同欣赏教室里的广告。教师提问：这些是什么，图片上展示了什么呢？

（2）教师模拟表演一段电视广告，激发幼儿谈论广告的兴趣。

（3）教师提问：小朋友，你们平时听过、看过广告吗，你们会说哪些广告词？

2. 教师与幼儿共同讨论知道的电视广告

（1）观看广告片段。教师提问：这些广告分别介绍了什么产品？

（2）教师提问：你最喜欢电视中的哪个广告，为什么？

（3）教师用日常生活中的一段话和广告语分别描述一种食品，引导幼儿讨论广告语和日常生活用语的不同之处，了解广告语具有简短、生动、有趣、概括的特点。

（4）集体交谈。教师提问：你们知道广告有什么作用吗，为什么要做广告？

教师小结：广告的作用就是宣传产品，让大家都知道这个产品是用来做什么的，使大家都来购买和消费。

3. 引导幼儿关心周围的广告，讨论广告给我们的生活带来什么样的影响

（1）引导幼儿讨论：除了电视上能看到广告以外，你还在什么地方看到过广告？

（2）出示幻灯片，介绍不同地方的广告，如报纸上的、汽车上的、T恤衫上的、餐巾纸上的，引导幼儿发现生活中有广告的地方。

小结：报纸、杂志、广告牌、汽车、雨伞、雨衣、传单、T恤衫、餐巾纸等很多地方都有广告，广告时时刻刻存在于我们的生活之中。

（3）引导幼儿讨论：你觉得这些广告给我们的生活带来了什么好处，有没有什么坏处？

4. 介绍公益广告

（1）播放一段公益广告。教师提问：你觉得这段广告说的是什么，是在介绍产品吗？

（2）介绍公益广告。

（3）讨论：你还见过哪些公益广告，能不能学一学？这些广告有什么作用？

5. 做广告表演游戏

请幼儿在自制的电视机里做广告表演。

活动评析

1. 活动选材分析

现代人的生活周围充满各种各样的广告。广告这个谈话主题是幼儿熟悉的、感兴趣的。

2. 活动目标达成分析

本次活动目标主要有三个：一是幼儿能关注生活中有意思的东西并乐意与同伴分享自己的感受；二是幼儿能积极地倾听并围绕话题大胆、清楚地表达；三是幼儿能了解广告信息会给人们的生活带来方便，也会给人们的生活带来烦恼。教师在活动过程中，利用课件展示、集体交谈、讨论以及游戏等方式，让幼儿在看、听、说、演中了解广告信息，并与同伴分享和交流感受，圆满达成教育目标。

3. 活动材料与环境创设分析

活动以电视广告片段和幻灯片为材料主线，形象直观地向幼儿展示了生活中各种各样的广告，符合幼儿的年龄特点，既能激发幼儿的兴趣又能加深幼儿对广告的认识。

4. 活动组织形式和方法分析

该活动层次清晰、层层递进，组织方式生动有趣、灵活多样、游戏性强。教师营造了自由、轻松的语言交往环境，给幼儿提供了充分表达和交流的机会。活动注重丰富和拓展幼儿的生活经验，启发了幼儿的思维。

5. 幼儿体验与发展分析

整个活动过程中，幼儿能积极主动地参与，感受活动的乐趣。活动以课件展示的方式调动了幼儿的积极性，表演活动能激发幼儿参与讨论的积极性，让幼儿获得较好的情感体验。

02

学习情境二

讲述活动

学习情境描述

根据幼儿年龄特点，结合班级幼儿实际情况，基于幼儿日常生活经验以及幼儿语言教育目标，通过看图讲述、实物讲述、情境表演讲述等形式组织讲述活动，创设相对正式的语言运用场合，使幼儿能够独立、连贯、有感情地运用语言表述。

学习目标

* 选择适合本班幼儿语言特征的讲述主题并确定恰当的讲述形式。
* 充分利用已有资源或现代信息技术、制作玩教具等手段创设情境。
* 设计幼儿园讲述活动，能独立或合作组织实施。
* 掌握新的教育理念，关心爱护幼儿。

学习任务

任务一　看图讲述

一、任务描述

多多小朋友早上到幼儿园后兴奋地跟小朋友聊起他和妈妈一起做月饼："有兔子月饼、胡萝卜月饼，还有花生月饼（月饼造型）。"小朋友们都加入聊天，你一言我一语的，好不热闹。通过观察小朋友们的聊天，发现他们的关注点都在吃过什么口味、什么形状的月饼，在哪里吃的月饼，月饼是做的、买的，还是爷爷奶奶送的，等等，而对于中秋节的起源、经典故事、人物、中秋节的意义等还不了解。正值中秋佳节来临之际，请以中秋节为主题，组织一次看图讲述活动，让小朋友们多角度、全方位地了解传统节日——中秋节。

二、学习目标

（1）掌握各年龄阶段的幼儿看图讲述活动的学习目标与要求。
（2）设计符合各年龄阶段幼儿特点的看图讲述活动。
（3）组织实施看图讲述活动。
（4）在活动组织过程中，有技巧地引导幼儿展开联想，用清楚的语言表述图片故事或情节。

三、设计并实施看图讲述活动

看图讲述活动的设计与实施应符合幼儿年龄阶段特点，立足于幼儿的日常生活经验，有针对性地设置活动目标与活动环节，从而达到促进幼儿发展的目的。

1. 小组任务分配

根据学生的个体差异与能力特长进行优化组合并进行任务分配，以达到提高工作效率、完成工作任务的目的。小组任务分配表如表 2-1 所示。

2. 获取信息/工作准备

引导问题 1：看图讲述活动是指幼儿在教师的启发和引导下＿＿＿＿＿＿＿、＿＿＿＿＿＿＿，并用恰当的＿＿＿＿＿＿＿，＿＿＿＿＿＿＿＿＿＿地表述图意的语言教育活动。

表 2-1 小组任务分配表

班级		组别		指导教师	
组长					
组员	姓名	备注		姓名	备注
任务分工					

引导问题 2：看图讲述的设计与组织——前期准备工作要点。

（1）选择图片的要点。

_____

_____

_____

_____

（2）分析图片的要点。

_____

_____

_____

_____

（3）设置的提问应该具备问题的_____、_____、_____。

⚙ 小提示

（1）各年龄阶段幼儿对于图片的选择的特点。

小班：图片画面大，以单幅画为主，主题单一，人物角色少，角色的动作、表情明显，画面的背景简单或没有背景。

中班：选择的图片主要是不超过4幅的连环画，画面主题鲜明，情节较为复杂。

大班：选择的图片主要是不超过6幅的连环画，各画面应存在一定的逻辑，能让幼儿有较大的想象空间。

（2）教师提供给幼儿的图片的种类。

教师提供的图片可以是印刷品，也可以是教师自己绘制的图片，可以是边讲边勾画的半成品图片，也可以是幼儿画的图片等。

（3）教师提供给幼儿的图片具备的功能包括语言活动的教材的功能、教具的功能，是幼儿学说话的依据。

3. 工作计划

引导问题3：小组确定的相关传统佳节的看图讲述内容是什么？

_____

_____

_____

_____

_____

⚙ 小提示

（1）传统佳节的起源。

（2）传统佳节的风俗。

（3）传统佳节的美食。

（4）传统佳节的神话故事。

引导问题4：小组设计的看图讲述活动适合哪种班型？

_____

_____

_____

_____

_____

引导问题 5：该班型关于看图讲述活动的教育目标是什么？

_____

_____

_____

_____

_____

⚙ **小提示**

各年龄阶段幼儿关于看图讲述活动的学习目标如下。

小班：（1）乐意运用各种感官，按照要求感知讲述内容；

（2）基本理解内容简单、特征鲜明的实物、图片和情景；

（3）愿意在集体面前讲述，能准确说出讲述内容的主要特征或事件；

（4）安静地听他人讲述，并用眼睛注视讲述者。

中班：（1）养成先仔细观察、后言语讲述的习惯；

（2）逐步学会理解图片和情景中展示的事件顺序；

（3）主动地在集体面前完整讲述且声音洪亮，学习按照一定的顺序讲述实物、图片和情景的内容；

（4）积极地倾听他人的讲述内容，发现异同，并从中学习好的讲述方法。

大班：（1）通过观察，理解图片和情景中蕴含的主要人物的关系和思想感情倾向；

（2）有重点地讲述实物、图片和情景，突出讲述的画面；

（3）在集体面前自然、大方地讲话；

（4）讲述时语言表达连贯、流畅，且用词、用句较为准确。

引导问题 6：小组设计看图讲述活动的意图是什么？

_____

_____

_____

_____

_____

引导问题 7：看图讲述活动的组织实施步骤是什么？

_____

_____

_____

_____

引导问题 8：请简述本次看图讲述活动的导入方式。

引导问题 9：请按图片展示手段（见表 2-2）设计并完成本次活动的"感知理解讲述对象"环节。

表 2-2 图片展示手段

展示手段	人员分配	展示优势
手绘图/挂图		
PPT/小视频		
绘本		

引导问题 10：表 2-3 所示为活动设计表，请按构思完成该表。

表 2-3 活动设计表

班级		活动名称		重点领域	
主班教师		配班教师		活动时长	
设计意图					
活动目标					
活动准备					
活动过程	活动环节	活动内容		教学方法	备注
	导入活动				
	基本活动				

	活动环节	活动内容	教学方法	备注
活动过程	活动迁移/结束			
活动反思				

4. 做出决策

引导问题 11：组内讨论活动方案，组员各自发表建议。

引导问题 12：小组梳理并整理方案问题，进行方案优化，并完成小组方案问题分析表（见表2-4）。

表2-4　小组方案问题分析表

主要板块	小组方案问题	解决方法
活动设计思路		
活动目标与重难点		
活动实施过程		
活动指导方法		
活动教具准备		
活动环境创设		

引导问题 13：确定最终看图讲述活动方案并修订完善。

5. 工作实施

引导问题 14：

（1）根据最终方案做好人员准备、场地布置准备、教具准备。

（2）用思维导图的方式记录活动流程。

（3）活动实施过程中的问题与亮点。

6. 评价反馈

工作任务完成情况采取多元化评价，本次任务由小组自评学习过程（见表2-5）、小组互评工作过程（见表2-6）和教师总体评价（见表2-7）构成。

表2-5 小组自评表

班级		组别		日期	
评价指标	评价要素			分值	得分
活动组织前期准备	1. 能有效利用网络资源、工作手册等查找有效信息 2. 能用自己的语言有条理地阐述、表达所学知识 3. 能将查找到的信息有效转换到设计的教学活动中			10	
参与状态	1. 能与教师、同学之间相互尊重、理解 2. 能与教师、同学之间保持多向、丰富、适宜的信息交流			20	
	1. 探究学习、自主学习不流于形式，能处理好合作学习和独立思考的关系 2. 做到有效学习，能提出有意义的问题或能发表个人见解 3. 能按要求完成活动任务 4. 能够倾听、协作分享			20	
学习方法	1. 活动计划、活动实施符合规范要求 2. 获得进一步发展的能力			10	
活动实施过程	1. 完整流畅地实施教学 2. 活动生动有趣，互动性强 3. 活动过程把控得当			20	
整理归位	活动结束后，玩教具的整理回收、场地清洁卫生及复位情况			10	
安全事宜	活动过程中充分考虑安全事宜，如材料环保、教具安全、场地安全、活动规则等			10	
总分				100	

表2-6 小组互评表

班级		组别		日期	
评价指标	评价要素			分值	得分
团队协作	配合度高，互帮互助，积极解决问题			10	
设计方案	切实可行，符合该年龄段幼儿发展特点，环节完整合理			10	
玩教具	制作精美环保，可操作性强，与活动内容匹配			20	
活动实施	按设计流程进行，各环节时间安排合理，目标完成度高			30	
整理归位	活动结束后，及时对玩教具进行整理回收，打扫场地卫生及物品复位			10	
安全事宜	活动所用教具安全环保、场地布置安全、活动过程中做了安全强调			10	
活动反思	语言表达流畅清晰，总结反思到位，能耐心倾听其他小组意见			10	
合计				100	

表2-7 教师总体评价表

班级		组别		日期		
评价指标	评价要素			分值	得分	备注
小组教学目标	1. 活动开展意图，注重促进幼儿兴趣、情感、能力等方面的全面发展 2. 活动目标定位明确、具体，体现适宜性、可操作性			20		
小组教学内容	1. 选材符合幼儿兴趣、现实需要和发展水平 2. 内容能围绕教育目标，体现幼儿的主体性，兼顾群体需要和个体差异			20		
小组教学过程	1. 教学结构安排合理，活动的方式灵活、恰当、有效，能根据活动的实际情况及时调整教学方法 2. 活动中各环节清晰，围绕目标层层递进，突出教学重点，突破难点，时间安排合理（小班15分钟，中班20分钟，大班30分钟） 3. 提供合适的环境、材料，能充分为目标服务，为幼儿创造自主探索、观察、情感体验的机会与条件 4. 教学环节引导性提问，具有有效性、明确性 5. 活动所用教具安全环保、场地布置安全、活动过程中做了安全强调			40		
小组合作	1. 共同协作完成任务 2. 小组任务分工合理，目标明确 3. 能积极参与活动的组织与策划 4. 积极配合，勇于承担，共同克服困难、解决问题			10		
执教素养	1. 教态亲切自然 2. 语言简练、规范，富有感染力，提问清晰、明确、有价值 3. 能对教学过程进行合理的调控，有灵活的教学机制和较强的应变能力			10		
合计						

四、拓展思考

根据幼儿园班级情况，选择恰当的图片内容，完成以下学习任务。
（1）独立设计活动（教案的编写）。
（2）模拟实施活动。
（3）完成课后评价与反思。

五、与看图讲述相关的知识点

💬 知识点

看图讲述活动组织步骤与要点

（1）引出活动的内容，并出示图片，激发幼儿观察图片的兴趣。

出示图片的方式有三种，分别是一次性出示、逐幅出示、非顺序出示。那么如何指导幼儿看图呢？

（2）看图讲述的过程：看—想—讲。

看图主要让幼儿观察主要内容和引导幼儿观察细节两个方面。要注意引导看的顺序，如：主要情节—次要情节的顺序；上—下、左—右、近—远的顺序；等等。

（3）提问的方式：描述性提问、选择性提问、比较性提问、分类性提问、假设性提问、反诘提问。

教师提问后，要引导幼儿运用已有经验进行讲述。幼儿在讲图时，教师要仔细听，并且可以用提问或插话的方式帮助幼儿有序地讲述。教师在观察指导讲述时可以进行提示，提示的方法有指图、递词、讲述前提示等。

（4）引进新的讲述经验环节，教师要注意以下内容。

教师要面向全班，具体指导。指导幼儿说话要有根据；帮助幼儿用词组句，训练幼儿连贯地说话；根据表达的需要，帮助幼儿理解和运用新词。教师用表演的方式，巩固和迁移新的讲述经验，进一步调动儿童讲述的积极性与主动性。除了表演，教师也可以运用示范、小结迁移经验，还可以通过与多种教学形式和游戏相结合迁移经验。

任务二 实物讲述

一、任务描述

幼儿园里，小花、恬恬、然然三人经常在一块儿玩，她们是彼此的好朋友。乐乐常拿着最喜欢的小汽车独自玩耍，小汽车是乐乐的好朋友。欢欢最爱表演区里的玩偶，玩偶是欢欢的好朋友。日常生活中，小朋友们都有自己的好朋友，这些好朋友可以是幼儿园里的小朋友，也可以是自己最爱的玩具，也可以是家里的小宠物等。对于自己的好朋友们，幼儿一定有很多有趣的事情和我们分享，比如好朋友长什么样子，他们为什么能成为好朋友，他们和好朋友在一起做了些什么有趣的事情。因此请以"我的好朋友"为主题，通过实物讲述的形式，设计并组织实施一场幼儿实物讲述活动。

二、学习目标

（1）掌握各年龄阶段的幼儿实物讲述活动的学习目标与要求。

（2）设计并组织实施符合各年龄阶段特征的幼儿实物讲述活动。

（3）通过实物讲述活动促使幼儿运用富有逻辑的语言进行描述与表达。

（4）掌握实物讲述活动组织过程中引导幼儿思考与表述的有效方法。

三、设计并实施实物讲述活动

实物讲述活动的设计与实施应符合幼儿年龄阶段特点，立足于幼儿的日常生活经验，有针对性地设置活动目标与活动环节，从而达到促进幼儿发展的目的。

1. 小组任务分配

根据学生的个体差异与能力特长进行优化组合并进行任务分配，以达到提高工作要率、完成工作任务的目的。小组任务分配表如表 2-8 所示。

表 2-8 小组任务分配表

班级			组别		指导教师	
组长						
	姓名	备注		姓名		备注
组员						
任务分工						

2. 获取信息/工作准备

引导问题 1： 实物讲述是一种＿＿＿＿＿＿的讲述，实物讲述具有的＿＿＿＿＿＿＿＿特点，日常生活中的＿＿＿＿＿＿＿＿＿＿以及外在的＿＿＿＿＿＿都可作为讲述的凭借物。在组织实物讲述时，教师的重要任务是＿＿＿＿＿＿＿＿＿实物的特征，这是实物讲述成功的＿＿＿＿＿＿＿。

引导问题 2： 实物讲述活动的学习目标是什么?

_____

_____

_____

_____

_____

引导问题 3： 实物讲述活动主要培养幼儿哪些能力?

_____

_____

_____

_____

_____

引导问题 4：实物讲述活动的组织实施基本步骤是什么？

_____

_____

_____

_____

⚙ 小提示

实物讲述活动的组织实施步骤如下。

（1）创设情境，引发兴趣。

（2）感知理解讲述对象。

（3）运用已知经验进行讲述。

（4）引入新的讲述经验。

（5）巩固和迁移新的讲述经验。

3. 工作计划

引导问题 5：小组确定的"我的好朋友"选择目标对象是什么？

_____

⚙ 小提示

我的好朋友可以是（　　）。

A. 朋友　　　　B. 家人　　　　C. 动物　　　　D. 玩偶　　　　E. 植物

引导问题 6：小组设计的实物讲述活动选择的班型是什么？

_____

引导问题 7：该班型关于实物讲述活动的教育目标是什么？

_____

_____

_____

_____

引导问题 8：小组设计的实物讲述活动的设计意图是什么?

⚙ 小提示

各年龄阶段幼儿关于实物讲述活动的学习目标如下。

小班：（1）乐意运用各种感官，按照要求感知讲述内容；

（2）基本理解内容简单、特征鲜明的实物、图片和情境；

（3）愿意在集体面前讲述，能准确说出讲述内容的主要特征或事件；

（4）安静地听他人讲述，并用眼睛注视讲述者。

中班：（1）养成先仔细观察、后言语讲述的习惯；

（2）逐步学会理解图片和情境中展示的事件顺序；

（3）主动地在集体面前完整讲述且声音洪亮，学习按照一定的顺序讲述实物、图片和情境的内容；

（4）积极地倾听他人的讲述内容，发现异同，并从中学习好的讲述方法。

大班：（1）通过观察，理解图片和情境中蕴含的主要人物的关系和思想感情倾向；

（2）有重点地讲述实物、图片和情境，突出讲述的画面；

（3）在集体面前自然、大方地讲话；

（4）讲述时语言表达连贯、流畅，且用词、用句较为准确。

引导问题 9：小组设计的实物讲述活动的导入方式是什么?

引导问题 10：表 2-9 所示为教具统计表，请列出实物讲述活动各环节需要的教具。

表 2-9　教具统计表

使用阶段	名称	用途	数量
导入活动			

使用阶段	名称	用途	数量
基本活动			
活动迁移/结束			

引导问题 11：表 2-10 所示为活动环节设计表，请按活动步骤对各个环节进行设计。

表 2-10　活动环节设计表

	活动环节	活动内容	教学方法	备注
活动过程	导入活动 创设情境，感知理解 讲述对象			
	基本活动 1. 运用已有经验进行 讲述 2. 引进新的讲述经验			
	活动迁移/结束 巩固和迁移新的讲述 经验			

4. 做出决策

引导问题 12：讨论小组活动方案，组员各自发表修改意见。

引导问题 13：小组梳理并整理方案问题，进行方案优化，并完成小组方案问题分析表（见表 2-11）。

表 2-11　小组方案问题分析表

主要板块	小组方案问题	解决方法
活动实施过程		
活动指导方法		
活动教具准备		
活动环境创设		

问题引导 14：修订完善并形成最终实物讲述活动方案，完成活动设计表（见表 2-12）。

表2-12 活动设计表

班级		活动名称		重点领域	
主班教师		配班教师		活动时长	
设计意图					
活动目标					
活动准备					

	活动环节	活动内容	教学方法	备注
活动过程	导入活动 创设情境，感知理解 讲述对象			
	基本活动 1. 运用已有经验 进行讲述 2. 引进新的讲述 经验			
	活动迁移/结束 巩固和迁移新的 讲述经验			

活动反思	

5. 工作实施

引导问题15：（1）根据最终方案做好人员准备、场地布置准备、教具准备。

（2）用思维导图的方式，记录活动流程。

（3）记录活动实施过程中出现的问题与亮点。

6. 评价反馈

工作任务完成情况采取多元化评价，本次任务由小组自评学习过程（见表2-13）、小组互评工作过程（见表2-14）和教师总体评价（见表2-15）构成。

表2-13　小组自评表

班级		组别		日期	
评价指标	评价要素			分值	得分
活动组织前期准备	1. 对实物讲述活动的基础理论知识掌握全面、牢固，能利用多种手段和途径搜集有关实物讲述活动的学习资料 2. 能通过有效的配合进行活动前期准备			10	
参与状态	1. 能与教师、同学之间相互尊重、理解 2. 能与教师、同学之间保持多向、丰富、适宜的信息交流			20	
	1. 探究学习、自主学习不流于形式，能处理好合作学习和独立思考的关系 2. 做到有效学习，能提出有意义的问题或能发表个人见解 3. 能够倾听、协作分享			20	
学习方法	活动计划、活动实施符合实物讲述活动的基本要求			10	
活动实施过程	1. 完整流畅地实施教学 2. 活动生动有趣、互动性强 3. 活动过程把控得当			20	
整理归位	活动结束后，玩教具的整理回收、场地清洁卫生及复位情况			10	
安全事宜	活动过程中充分考虑安全事宜，如材料环保、教具安全、场地安全、活动规则等			10	
总分				100	

表2-14　小组互评表

班级		组别		日期	
评价指标	评价要素			分值	得分
团队协作	配合度高，互帮互助，积极解决问题			10	
设计方案	切实可行，符合该年龄段幼儿发展特点，环节完整合理			10	
玩教具	制作精美环保，可操作性强，与活动内容匹配			20	
活动实施	按设计流程进行，各环节时间安排合理，目标完成度高			30	
整理归位	活动结束后，及时对玩教具进行整理回收，打扫场地卫生及物品复位			10	
安全事宜	活动所用教具安全环保、场地布置安全、活动过程中做了安全强调			10	
活动反思	语言表达流畅清晰，总结反思到位，能耐心倾听其他小组意见			10	
合计				100	

表2-15　教师总体评价表

班级		组别		日期		
评价指标	评价要素			分值	得分	备注
小组教学目标	1. 活动开展意图，注重促进幼儿兴趣、情感、能力等方面的全面发展 2. 活动目标定位明确、具体，体现适宜性、可操作性			20		
小组教学内容	1. 选材符合幼儿兴趣、现实需要和发展水平 2. 内容能围绕教育目标，体现幼儿的主体性，兼顾群体需要和个体差异			20		
小组教学过程	1. 教学结构安排合理，活动的方式手段灵活、恰当、有效，能根据活动的实际情况及时调整教学方法 2. 活动中各环节清晰，围绕目标层层递进，突出教学重点，突破难点，时间安排合理（小班15分钟，中班20分钟，大班30分钟） 3. 提供合适的环境、材料，能充分为目标服务，为幼儿创造自主探索、观察、情感体验的机会与条件 4. 教学环节引导性提问，具有有效性、明确性 5. 活动所用教具安全环保、场地布置安全、活动过程中做了安全强调			40		
小组合作	1. 共同协作完成任务 2. 小组任务分工合理，目标明确 3. 能积极参与活动的组织与策划 4. 积极配合，勇于承担，共同克服困难、解决问题			10		
执教素养	1. 教态亲切自然 2. 语言简练、规范，富有感染力，提问清晰、明确、有价值 3. 能对教学过程进行合理的调控，有灵活的教学机制和较强的应变能力			10		
合计						

四、拓展思考

（1）请列出适合小班实物讲述活动的物品。

（2）请分别阐述小班、中班、大班实物讲述活动的内容要求。

五、与实物讲述相关的知识点

💬 知识点

实物讲述活动的组织与实施——以《我的文具盒》为例

大班实物讲述——我的文具盒

一、活动目标

（1）用完整连贯的语言介绍文具盒。

（2）在教师的示范指导下，按照一定顺序介绍文具盒的外形和功能。

（3）认真倾听教师的讲述，尝试发现讲述的不同之处。

二、活动准备

（1）布置文具盒商店。

（2）实物投影仪。

（3）文具盒图标（形状、颜色、图案、功能）。

（4）黑板。

（5）电视机布、篓子。

三、活动过程

（一）谈话导入，引发幼儿参与活动的兴趣

教师："小朋友们，你们马上就要成为一年级的小学生了，高兴吗？那上小学要准备什么呀？"

幼儿："×××。"（自由发表意见）。

（二）感知理解讲述对象

（1）教师提问如下。

① 你们知道这是什么吗？（文具盒）

② 这是什么形状，什么颜色，有什么图案呢？（幼儿根据所见回答）

③ 文具盒有什么用呢？（装铅笔、橡皮）

（2）幼儿自由参观文具盒商店，每人选择一个自己最喜欢的文具盒回到座位。

教师："你们想不想要文具盒呢？这里有这么多文具盒，现在请小朋友们有序上来选一个自己喜欢的文具盒吧。"

（三）运用已有经验讲述

（1）幼儿先与身旁的同伴自由交流自己选择的文具盒。

（2）个别讲述。

教师："谁愿意到前面来跟大家说一说自己选择的文具盒？小观众们要认真听。"

（四）引入新经验

（1）从投影里观察老师选择的文具盒，听老师用句式介绍文具盒上的图案。

教师："我的文具盒的形状是××，颜色是××，图案有××、××，还有××，里面放有……我很喜欢我的文具盒。"

教师：“我是怎么说的，我先说了什么，然后说了什么，最后说了什么？”（根据幼儿的回答，教师出示相应的图标帮幼儿获得新的讲述经验）

（2）幼儿自由练习按序讲述。

教师：“现在我们再来按着顺序说一说你的文具盒，记住要先说形状、颜色，再说图案，最后说功能，别忘了介绍完以后说一说对它的喜爱。”

（五）迁移新经验

教师：“老师还准备了一些文具，有铅笔、橡皮、刨刀和尺子。请你们每人来选一样文具向我们介绍一下，记住要按刚才的顺序说。”

四、活动延伸

幼儿给小班的弟弟妹妹们说一说手中的文具盒。

任务三　情境表演讲述

一、任务描述

近期何老师发现雪松班的部分小朋友在阅读完感兴趣的故事后，会与同伴交流，并加入很多肢体动作，来表达故事中的情景。何老师为了增强小朋友们的肢体表达能力和语言表达能力，决定近期的讲述活动用情境表演的方式来进行。

二、学习目标

（1）掌握情境创设的方法。

（2）引导幼儿用肢体动作、表情等表达关键性内容和情节。

（3）引导幼儿用正确的词句表达情节、描述内容。

（4）设计并组织实施幼儿情境表演讲述活动。

三、设计并实施情境表演讲述活动

情境表演讲述主要依靠教师或幼儿进行角色扮演，让幼儿能够处于真实的情境活动中。因此，教师在开展情境表演讲述活动时，要根据不同年龄段幼儿的已有经验开展活动，同时结合不同的教学方法和策略，使幼儿能够充分理解故事情节，提高幼儿的语言表达能力。

1. 人员分组

为充分调动学生参与任务的积极性，实现能力互补，特对学生进行小组划分（见表2-16）。

表2-16　小组任务分配表

班级		组别		指导教师	
组长					
组员	姓名	备注		姓名	备注

2. 获取信息/工作准备

引导问题1：情境表演讲述是根据_____设计情境，由_____或_____扮演角色进行表演，在引导幼儿观看的同时要求幼儿凭借对_____的理解进行讲述的一种活动。

引导问题2：情境表演讲述具有一闪而过的特点，不是总呈现在眼前，因此教师应在表演开始前_____，提醒幼儿仔细观察表演者的_____、_____和_____，记住_____，在_____进行讲述。

引导问题3：情境表演讲述中，运用到幼儿的注意力的是（　　）。

A. 无意注意　　　　　B. 有意注意　　　　　C. 无意后注意　　　　D. 有意后注意

⚙ 小提示

（1）注意分为无意注意和有意注意两种基本形式，主要区别在于是否有目的和是否需要克服困难。幼儿注意发展的特征是无意注意占优势地位，有意注意逐渐发展。

（2）无意注意是事先没有预定目的，也不需要意志努力的注意。

（3）有意注意是指有预定目的，需要一定意志努力的注意。

（4）有意注意产生的条件如下。

① 依赖于丰富多彩的活动的开展。

② 对活动目的、活动任务的理解程度。

③ 对活动的兴趣与良好的活动方式。

④ 语言指导和语言提示。

⑤ 性格与意志特点。

引导问题4：情境表演讲述中，运用到幼儿的想象力的是（　　）。

A. 无意想象　　　　　B. 有意想象　　　　　C. 再造想象　　　　　D. 创造想象

⚙ 小提示

（1）想象的发展是幼儿创造思想发展的核心。

（2）幼儿想象发展的特点分为：无意想象占重要地位，有意想象初步发展；再造想象占主要地位，创造想象开始发展。

（3）无意想象的特点：目的性不明确；主题容易受外界的干扰而变化；过程容易受情绪和兴趣的影响；以想象的过程为满足。

（4）有意想象，在幼儿中班以后，开始具有一定的有意性和目的性。

（5）再造想象是指根据对没有直接感知过的食物和语言文字的描述或图样、图纸、符号的示意，而在头脑中形成有关这一客体新形象的过程。

（6）创造想象是指根据一定的目的和任务，不依赖现存的描述而独立创作出新形象的过程。

引导问题5：情境表演讲述中，运用到幼儿的记忆的是（　　）。

A. 无意记忆　　　　　B. 有意记忆　　　　　C. 机械记忆　　　　　D. 意义记忆

⚙ 小提示

（1）幼儿记忆包含：意义性记忆（无意记忆与有意记忆）、理解性记忆（机械记忆与意义记忆）、内容性记忆（形象记忆和词语记忆）以及记忆的发展。

（2）无意记忆占优势，有意记忆逐渐发展。有意记忆的发展是幼儿记忆发展质的飞跃。

（3）记忆的理解和组织程度逐渐提高。机械记忆用得多，意义记忆效果好。

（4）形象记忆占优势，词语记忆逐渐发展。

3. 工作计划及任务分配

引导问题6：制订计划，明确任务，按照组内人员进行任务分配，完成表2-17。

表2-17　人员任务分配表

组别	姓名	任务分配	备注
		教案制定	
		表演讲述情境设计	
		玩教具准备	
		环境创设	
		场地设计 （含安全因素）	

⚙ **小提示**

情境表演讲述主要流程如下。

1. 活动的准备

（1）确定主题。

（2）排练表演内容。表演内容包含情节理解、角色分配。

（3）准备道具和环境创设。道具包含玩教具。

（4）制订活动计划。

2. 活动的开展

（1）引导幼儿感知、理解情境表演讲述对象。

（2）引导幼儿运用已有经验进行讲述。

（3）帮助幼儿获得新的讲述经验。

（4）帮助幼儿巩固和迁移新的讲述经验。

3. 活动的延伸

（1）情境表演讲述的总结。

（2）对五大领域知识的延伸。

引导问题7：请根据任务分配，完成活动设计（见表2-18）。

表 2-18　活动设计

班级		活动名称		重点领域	
主班教师		配班教师		活动时长	
设计意图					
活动目标					
活动准备					
活动过程	活动环节	活动内容		教学方法	备注
	创设情境，引发兴趣				
	感知理解讲述对象				
	运用已有经验进行讲述				
	引入新的讲述经验				
	巩固和迁移新的讲述经验				
活动拓展					
活动反思					
本方案特点					

引导问题 8：针对情境中的角色，对扮演者、动作及关键性语言进行设计，完成表 2-19。

表 2-19　情境表演讲述设计表

角色名称	扮演者	动作	关键性语言

─── 🔍 小提示 ───

在情境表演讲述活动中，幼儿需要集中注意力、记忆力、想象力和逻辑思维能力，不仅需要记住情境中的人物和对话，还需要发挥想象力和逻辑思维能力，感受情境中人物的动作、语言变化，并通过幼儿独特的方式表达出来。因此，教师需要为幼儿提供相对正式、规范的语言场合，提前了解幼儿的已有经验，避免出现过于关注语言要求而忽略幼儿情境表演讲述的本质的情况。

引导问题 9：请在表 2-20 中列出情境表演讲述中所需的玩教具。

表 2-20　玩教具清单

名称	数量	材质	运用地点	作用和效果

引导问题 10：请在表 2-21 中列出情境表演讲述中所需的环境。

表 2-21　环境创设

地点	教室/走廊/操场			
名称	数量	材质	运用地点	作用和效果

引导问题 11：请结合场地设计（含安全因素）要求，画出活动场地设计平面图。

4. 做出决策

引导问题 12：组内成员阐述各自负责板块的设计，分析优劣，完成设计优化对比表（见表 2-22）。

表 2-22　设计优化对比表

任务板块	讨论前的设计方案	讨论后整理优化的设计方案
教案制定		
情境表演讲述设计		
玩教具准备		
环境创设		
场地设计 （含安全因素）		

5. 工作实施

引导问题 13：根据设计方案，写出活动开始前的注意事项。

引导问题 14：请将实施过程中的优点、存在的问题及改进措施填写在实施过程记录表（见表 2-23）中。

表 2-23　实施过程记录表

环节	优点	存在的问题	改进措施

6. 评价反馈

工作任务完成情况采取多元化评价，本次任务由组内学生自评学习过程（见表 2-24）、小组互评工作过程（见表 2-25）和教师总体评价（见表 2-26）构成。

表 2-24　小组自评表

班级		组别		日期	
评价项目	评价要素			分值	得分
资料收集	积极主动收集与情境表演讲述相关的知识，并涵盖主要内容范围			10	
教学目标	能关注本班幼儿情感、习惯、态度和最近发展趋势			10	
	难易程度适宜、容量恰当，符合幼儿兴趣与需求			10	
教学过程	情境表演讲述准备材料丰富，具有科学性、实践性，教育性强			10	
	教师能够及时关注幼儿讲述方式、内容等，并及时分析与回应，引发幼儿情境表演讲述的进一步自主探索与思考			10	
	教学思路清晰，提问具有引导性、针对性和挑战性			10	
	玩教具美观且能够充分使用，对教学活动起到辅助作用			10	
	仪态端庄、教态亲切自然、语言流畅准确、肢体语言丰富且具有感染力			10	
	课堂氛围活跃、把控度强，幼儿参与度高			10	
整理归位	场地干净卫生，能对玩教具进行整理复位			10	
总分				100	

表2-25　小组互评表

班级		组别		日期	
评价指标	评价要素			分值	得分
团队协作	配合度高，无推诿现象，互帮互助			10	
设计方案	情境表演讲述设计方案切实可行，符合该年龄段幼儿特点，环节完整			10	
玩教具	制作精美环保，可操作性强，与本次情境表演讲述活动内容匹配			20	
活动实施	按设计流程进行，各环节时间把控好，幼儿参与度高			30	
整理归位	场地卫生干净，能对玩教具进行整理复位			10	
活动反思	语言表达流畅清晰，总结反思到位，能耐心倾听其他小组意见			20	
总分				100	

表2-26　教师总体评价表

班级		组别		日期	
评价指标	评价要素			分值	得分
小组教学目标	活动目标能凸显情境表演讲述活动教育价值，能体现多元化、层次化，可操作性强			10	
	注重促进幼儿兴趣、情感、语言及动作等方面的发展			10	
小组教学内容	选材符合幼儿兴趣、现实需要和发展水平			10	
	内容能围绕教育目标，体现幼儿的主体性，兼顾群体需要和个体差异			10	
小组教学过程	教学结构安排合理，活动的方式手段灵活、恰当、有效，能根据活动的实际情况及时调整教学方法			10	
	活动环节清晰，突出教学重点，突破难点，提问具有有效性和明确性，时间安排合理（小班15分钟，中班20分钟，大班30分钟）			10	
	为幼儿创造自主探索、观察、情感体验、语言及动作发展的机会与条件			10	
	活动所用玩教具和场地符合安全环保要求			10	
小组合作	小组任务分工合理，目标明确			5	
	成员能积极参与活动的组织与策划，勇于承担，共同克服困难、解决问题			5	
执教素养	教态亲切自然，富有感染力，服装符合规范			5	
	能对教学过程进行合理的把控，具有教学机制灵活和较强的应变能力			5	
总分				100	

四、拓展思考

（1）请收集5个不同内容的情境表演故事。

（2）请根据收集的其中一个情境表演故事，进行讲述活动设计。

五、与情境表演讲述相关的知识点

💬 **知识点 1**

情境表演讲述活动基础理论

1. 情境表演讲述的概念

情境表演讲述是根据幼儿经验设计情境，由教师或幼儿扮演角色进行表演，在引导幼儿观看的同时要求幼儿凭借对情境表演的理解进行讲述的一种活动。

2. 情境表演讲述的要求

情境表演讲述具有一闪而过的特点，不是总呈现在眼前，因此教师应在表演开始前讲清要求，提醒幼儿仔细观察表演者的语言、动作和表情，记住表演内容，在观看后进行讲述。

3. 情境表演讲述的特点

（1）要有一定的情境凭借物。幼儿通过教师提供的凭借物，能够在表演中连贯、清楚地进行讲述。

（2）要有相对正式、规范的语言场合。规范包含语言规范和情境规范，帮助幼儿提高规范的口头表达能力。

（3）充分调动多项能力，包含注意力、记忆力、想象力和逻辑思维能力。在情境表演讲述中，幼儿不仅需要记住情境中的人物和对话，还需要发挥想象力和逻辑思维能力，感受情境中人物的动作、语言变化，并通过独特的方式表达出来。

💬 **知识点 2**

案例分析——以《吃饭》为例

（一）情境展示

情境表演一

木偶小兔、小鸭到老师家做客，敲门道："老师好！"

老师："今天你们来做客，我准备了你们爱吃的请你们吃（在小兔、小鸭面前各放一个碗和一把勺）。"

小兔坐得端正，吃得认真；小鸭坐得不好，东张西望。

情境表演二

小兔、小鸭继续吃饭。小兔一手拿勺，另一手扶着碗，一口一口认真地吃；小鸭不扶碗，把碗弄翻了。

情境表演三

小兔、小鸭继续吃饭，小兔吃得很干净，小鸭说："这个我不爱吃（还用手将食物抓出来）。"

（二）活动设计

活动目标：了解观看表演、讲述表演内容的方法；

　　　　　培养良好的进餐习惯，吃饭时要坐端正，手扶着碗，专心地一口接一口地吃；

　　　　　认真地观看表演并用恰当的连贯语句，完整地讲述表演内容。

活动准备：木偶兔子、木偶鸭子各一个，饭碗、调羹各两个。

活动过程：让幼儿观看情境表演并引导幼儿讨论。

观看情境表演一

教师提问：你们看，我的两位小客人吃饭时的坐姿怎么样？（引导幼儿说出小兔吃饭时坐得很端正。）

观看情境表演二

教师提问：谁把碗打翻了？为什么会翻？小兔吃饭是怎么样的？（引导幼儿说出一手拿勺，另一手扶着碗，就不会打翻碗了。）

观看情境表演三

教师提问：我们来看看，小兔、小鸭它们的桌面怎么样？为什么小兔的桌面干干净净，而小鸭的桌面很脏？

小结：小兔、小鸭是怎么样吃饭的，你们要学习谁呢；

　　　复习儿歌《吃饭》，巩固对良好的进餐习惯的认识；

　　　小兔吃饭吃得好是因为是按照儿歌上的话去做的，大家复习儿歌吧。

活动延伸：教师可以把木偶放在表演区，幼儿在区域活动的时候可以几个人一起表演故事情景，讲述故事，大家一起回顾模仿餐桌上的好习惯。

附儿歌：吃饭时，坐端正，一手拿调羹，另一手扶着碗。细细嚼，慢慢咽，不剩饭，不挑菜，自己吃饭真能干。

03

学习情境三

听说游戏

学习情境描述

结合本班幼儿特点，以幼儿园的变化、身边的人和事、重要节日庆典、社会重大事件等为依托，用游戏的方式组织幼儿进行语音、词汇、句子和语法、描述性语言的教育活动，培养幼儿的倾听和表述能力。活动含有较多的游戏规则成分，活动内容主要集中在听和说的理解和表达方面。

学习目标

- 掌握幼儿语音、语义、语法发展的特点及规律。
- 通过多种途径获取听说游戏的相关知识，迅速判别和选择游戏种类。
- 根据不同年龄段幼儿的特点选择适合的游戏素材并设计幼儿听说游戏活动。
- 根据设计实施幼儿听说游戏活动。
- 创编听说游戏儿歌。
- 制作与游戏内容匹配的玩教具。

学习任务

任务一　语音练习游戏

一、任务描述

雏鹰幼儿园朵朵班的小朋友非常活跃、可爱，喜欢集体行动。彦彦小朋友在点心时间开心地叨念着"我要 ci，我要 ci……"，旁边的小朋友也都跟着他说起来。通过观察发现，朵朵班的小朋友们对发音还没有正确认识，也不清楚正确的普通话发音方法，为帮助小朋友们树立正确的发音意识、掌握规范的普通话发音，请设计并实施语音练习游戏活动，使孩子们提高准确发音的敏感性，正确、自然地发音。

二、学习目标

（1）掌握语音练习游戏的重点。
（2）根据语音练习游戏的四种特别需要设计活动。
（3）创编语音练习游戏。
（4）设计并组织实施语音练习游戏活动。

三、设计并实施语音练习游戏活动

语音练习游戏适合在小班开展，有重点练习方面和特定的活动设计环节。该任务来源于幼儿园真实工作情境，从活动背景到活动延伸反思，按照幼儿园工作标准和语音练习游戏设计实施要求，扎扎实实做好每一个环节的工作，落实到每一个步骤，综合全面地考虑语音练习游戏活动的策划、组织和实施。

1. 小组任务分配

表 3-1 所示为小组任务分配表。进行小组任务分配时，要充分考虑学生个体差异和能力，使其优质、高效地完成工作任务。

表 3-1 小组任务分配表

班级			组别		指导教师		
组长							
组员	姓名	备注		姓名		备注	
任务分工							

2. 获取信息/工作准备

引导问题 1： 语音练习游戏的重点在＿＿＿＿＿＿、＿＿＿＿＿＿、＿＿＿＿＿三个方面。

引导问题 2： 幼儿语音学习的四种特别需要是＿＿＿＿＿＿＿＿、＿＿＿＿＿＿、

＿＿＿＿＿＿、＿＿＿＿＿＿。

⚙ 小提示

你知道什么是语音练习游戏吗

语音练习游戏是以提高辨音能力和练习正确发音为目的而开展的游戏，着重于听音、辨音和练习发音。

为给幼儿提供练习发音的机会，以利于幼儿复习巩固他们近期学习的发音，教师可以根据幼儿语音学习的四种特别需要来组织活动。

一是难发音的练习。幼儿园阶段普通话发音的难点主要有 zh、ch、sh 和 r 等辅音。

二是方言干扰音的练习。例如：重庆方言 l 和 n 不分，en 和 eng 不分，说普通话时往往有可能将 nan 说成 lan。

三是声调的练习。在语音练习游戏中运载各种相似音和声调要素，让幼儿在辨别中学说，在学说中提高分辨能力，从而掌握准确的声调。

四是发声用气的练习。3 岁幼儿进入幼儿园时，还有相当一部分幼儿不能很好地掌握说话用气的方法，因此，说话时有气喘吁吁的感觉。尤其在表述长句子时，还有上气不接下气

的情况。听说语音练习游戏可把练习用气作为活动的目标，培养幼儿掌握正确的用气方法，以便讲话发声更加自然，更趋向于正常。

引导问题3： 重庆地区幼儿难发的音有哪些？

_____

_____

_____

_____

_____

引导问题4： 影响重庆地区幼儿发音的因素有哪些？

_____

_____

_____

_____

_____

_____

⚙ 小提示

重庆人普通话弱势的主要表现

① 平翘舌不分。zh、ch、sh 和 z、c、s 混淆不清。

② 鼻音、边音不分。重庆人说话基本都是边音，且在学习普通话过程中，n 的发音掌握难度比 l 大。

③ 前鼻音、后鼻音不分。an、en、in、un 和 ang、eng、ong、ing 无明显区别。

④ h、f 不分。重庆人经常出现"吃饭（chi huan）、黄金（fang jin）、青峰（qing hong）"等发音。

影响重庆人普通话发音的因素

① 客观原因。重庆话所属的西南官话，使用人口约 3 亿人，涵盖重庆、四川、贵州、云南等，这片区域的人们基本上都用西南官话，交流不成问题。重庆普通话普及、推广不够，造成重庆广大地区的人说普通话相当困难，有的完全不能用普通话进行表达和交流。

② 主观原因。重庆人习惯用重庆方言进行日常交流和情感表达。由于客观原因的影响，老一辈本地人几乎都不讲普通话，"80 后""90 后"会说普通话，但也不标准，词汇切换有难度，如：重庆人常说"这件事把他整得恼火惨了""这两年他们生活很恼火""这种事做起来很恼火"等，造就了独特的"椒盐"普通话。

③ 其他方面：生理原因。

引导问题5：请把下列重庆方言转换成普通话，并在上方括号内标注拼音和语调。

重庆方言	普通话	重庆方言	普通话
	(　　　　)		(　　　　)
瓢根儿		一抓葡萄	
	(　　　　)		(　　　　)
相因		要得	
	(　　　　)		(　　　　)
啥子		嘟个	

引导问题6：怎样才能发展幼儿听的能力？

_____

_____

_____

_____

_____

⚙ 小提示

有利于提高幼儿倾听能力的几个方面

（1）说他们喜欢听的话题，兴趣是培养幼儿倾听习惯的关键。

（2）创设听的环境，排除听的干扰因素，环境是培养倾听习惯的保证。

（3）用幼儿能听懂的语言，教师自己的语言要标准，易懂是给兴趣保鲜的良药。

（4）提问是培养幼儿倾听习惯的助手，是培养幼儿养成倾听习惯的好方法。

思考：什么样的环境有助于幼儿"听"？

3. 工作计划

引导问题7：查阅资料，在教师的引导下根据工作任务描述进行任务分析并完成表3-2。

表3-2　任务分析表

序号	信息点	解决途径	理论知识点	技能点	职业标准	备注
1						
2						
3						
4						
5						

引导问题8：确定语音练习游戏的主题并说明选题原因。

_____

_____

_____

_____

_____

⚙ 🔍 **小提示**

听音、辨音游戏范例

猜猜我是谁

游戏说明：幼儿甲是小动物扮演者，幼儿乙是猜小动物的人。幼儿乙蒙上眼睛等待幼儿甲出题，幼儿甲根据佩戴的小动物头饰模仿小动物的叫声，如"叽叽叽，猜猜我是谁？"；幼儿乙说出该小动物的名称，如"叽叽叽，你是我的好朋友小鸡。"

游戏规则：若幼儿乙猜对，则继续游戏，幼儿甲换人。若幼儿乙猜错，则换位到幼儿甲的位置扮演小动物，幼儿丙成为猜题人，以此类推。

游戏目标：① 辨别并愿意模仿常见小动物的叫声；
② 乐意与同伴一起游戏，体验游戏的乐趣；
③ 在活动中将幼儿可爱的一面展现出来。

发音游戏范例

数数歌

游戏说明：数数歌——山上一只虎，林中一只鹿，路边一只猪，草里一只兔，还有一只鼠，数一数，一、二、三、四、五，虎、鹿、猪、兔、鼠。

教师根据《数数歌》内容准备好PPT，引导幼儿根据图片提示说出图片内容。

游戏规则：幼儿熟悉《数数歌》绕口令后，进行集体练习；看谁说得快，提高幼儿熟练程度；待幼儿熟练后跟着老师的示范一起做动作说绕口令；最后分组进行绕口令接龙。

游戏目标：①要求幼儿正确发出"鼓（gu）、虎（hu）、布（bu）、补（bu）"等音，区别g、h、b等字音；
②帮助幼儿听懂并理解简单的游戏规则，提高倾听水平；
③培养幼儿的自我控制能力和听说应变能力。

引导问题9：请对该语音练习游戏活动的各环节进行设计，并完成活动环节设计表（见表3-3）。

表3-3　活动环节设计表

步骤	方法	内容	作用和效果	备注
设置游戏情境				

续表

步骤	方法	内容	作用和效果	备注
交代游戏规则				
教师引导游戏				
幼儿自主游戏				

小提示

创设游戏情境常用方法

一、用物品创设游戏情境

使用与该游戏活动有关的物品、玩具等，布置游戏的环境，营造游戏氛围，达到引导幼儿进入游戏的效果。

二、用动作创设游戏情境

教师利用肢体动作和表演，让幼儿想象角色或游戏场所，进而产生身临其境的感觉。

三、用语言创设游戏情境

教师直接描述或指出游戏中的角色及其所处的环境。

交代游戏规则的注意事项

一、语言简洁明了

在交代游戏规则时，切记啰唆冗长的解释，以免幼儿抓不住要领，不能及时领悟、理解游戏规则。

二、讲清楚游戏规则和游戏开展顺序

游戏规则要点一般是游戏中幼儿要按照规范说出规定的话，教师应当让幼儿基本明白说什么和怎么说，同时帮助幼儿清楚地了解游戏开展顺序，指导幼儿先做什么，后做什么，什么角色做什么。

三、注意用较慢的语速进行讲解和示范

教师在交代游戏规则时可相对减慢语速，尤其是针对游戏规则的问答，语言要带有示范性质，一定要保证让幼儿听清楚。

教师引导游戏

教师带领幼儿开展游戏，是一种以教师为主角指导幼儿游戏的过程。在此过程中，教师在游戏中充当重要角色，可以主宰游戏的进程。可以是部分幼儿参与游戏，实行轮换，以便一部分幼儿有观察、熟悉的机会，也可以是全体幼儿参加游戏的一部分，待幼儿熟悉、掌握游戏后，再完全参加游戏。

> ## 幼儿自主游戏
>
> 　　幼儿自主游戏阶段，教师从游戏领导者的身份退出，处于旁观地位，放手让幼儿自己开展活动。
>
> 　　在观察幼儿游戏活动时，注意对个别不熟悉规则的幼儿进行指导和点拨，帮助其真正成为游戏活动中的一员，体验游戏乐趣。
>
> 　　教师要注意发现幼儿在游戏过程中可能出现的矛盾与纠纷，及时予以解决，保证游戏顺利进行。

　　引导问题 10：表 3-4 所示为玩教具清单，请按要求列出本次活动需要用到的玩教具。可视情况选用实践幼儿园或模拟教室现有的玩教具，也可以小组自行制作玩教具。

表 3-4　玩教具清单

序号	名称	数量	材质	如何运用	作用和效果

4. 做出决策

　　引导问题 11：组内讨论每个成员的设计，指出设计存在的缺陷并提出解决办法，完成设计优化表（见表 3-5）。

表 3-5　设计优化表

组内成员	讨论前设计存在的缺陷	讨论后整理优化的设计方案

续表

组内成员	讨论前设计存在的缺陷	讨论后整理优化的设计方案

引导问题 12: 综合小组意见, 确定小组的最终活动方案, 完成语音练习游戏活动设计表(见表3-6)。

表 3-6　语音练习游戏活动设计表

班级		活动名称		重点领域	
主班教师		配班教师		活动时长	
设计意图					
活动目标					
活动准备					

续表

	活动环节	活动内容	教学方法	备注
活动过程	设置游戏情境			
	交代游戏规则			
	教师引导游戏			
	幼儿自主游戏			
活动拓展				
活动反思				

本方案特点	采用理由

5. 工作实施

引导问题 13：请画出活动场地布置平面图。

引导问题 14：请根据设计，写出活动开始前的注意事项。

_____

_____

_____

_____

引导问题 15：记录活动实施过程中存在的问题并提出解决措施。

_____

_____

_____

6. 评价反馈

工作任务完成情况采取多元化评价，本次任务由小组自评学习过程（见表3-7）、小组互评工作过程（见表3-8）和教师总体评价（见表3-9）构成。

表3-7　小组自评表

班级		组别		日期	
评价指标	评价要素			分值	得分
信息检索	能有效利用网络资源、工作手册等查找有效信息；能用自己的语言有条理地阐述、表达所学知识；能将查找到的信息有效转换到工作中			10	
感知工作	熟悉工作岗位，认同工作价值；在工作中获得满足感			10	
参与状态	与教师、同学之间相互尊重、理解；与教师、同学之间能够保持多向、丰富、适宜的信息交流			20	
	探究学习、自主学习不流于形式，能处理好合作学习和独立思考的关系，做到有效学习；能提出有意义的问题或能发表个人见解；能按要求正确操作；能够倾听、协作分享			20	
学习方法	活动计划、活动实施符合规范要求；获得进一步发展的能力			10	
活动实施过程	完整流畅地实施教学，课堂生动有趣，幼儿参与度高，课堂把控好			20	
整理归位	活动结束后，玩教具的整理回收、场地清洁卫生及复位情况			10	
总分				100	

表3-8 小组互评表

班级		组别		日期	
评价指标	评价要素			分值	得分
团队协作	配合度高，无推诿扯皮现象，互帮互助			10	
设计方案	切实可行，符合该年龄段幼儿的特点，环节完整			10	
玩教具	制作精美环保，可操作性强，与活动内容匹配			20	
活动实施	按设计流程进行，各环节时间把控好，幼儿参与度高			30	
整理归位	活动结束后，及时对玩教具进行整理回收，打扫场地卫生及物品复位			10	
活动反思	语言表达流畅清晰，总结反思到位，能耐心倾听其他小组意见			20	
合计				100	

表3-9 教师总体评价表

学习情景三	听说游戏		工作任务一	语音练习游戏	
评价项目	评价标准			分值	得分
考勤	无迟到、早退、旷课			10	
引导问题	填写工整、完整、正确			10	
工作任务分析	信息点提取准确，分析到位，选取的对应理论知识和技能方法正确			20	
活动设计	目标设置与幼儿发展特点和规律一致			5	
	内容有利于幼儿接受且容量恰当			5	
	游戏的设计新颖，儿歌创编得当			5	
	玩教具设计合理，不喧宾夺主			5	
活动实施	教师仪容仪表符合幼儿园要求			5	
	具有安全意识和环保意识			5	
	按流程实施教学，具备一定应变能力			10	
整理归位	活动结束整理和恢复现场			10	
任务总结	分别列出存在的问题和改进措施			10	
合计				100	

四、拓展思考

（1）创编不同类型的语音练习游戏作品3～5个。

（2）选择1个创编作品进行活动设计。

（3）观察实践幼儿班级幼儿存在的语音发展问题，并提出解决措施。

五、与语音练习游戏相关的知识点

知识点 1

语音练习游戏的概念及类型

　　语音练习游戏是以帮助幼儿练习正确发音、提高幼儿辨音能力和练习正确发音为目的而开展的游戏。语音练习游戏的形式和结构都较简单，着重为幼儿提供练习发音的机会，以利于幼儿学习或复习巩固发音。可以让幼儿着重练习他们感到困难的或容易发错的语音，也可以组织幼儿进行方言干扰音的练习、普通话声调的练习、发声用气的练习等。但每次练习的语音不要过多，以免难点过于集中，影响幼儿的学习效果。

　　语音练习游戏可分为听音、辨音游戏和发音练习游戏两种类型。

　　（1）听音、辨音游戏。其是以发展幼儿分辨各种音色、音调、响度的声音的能力，发展幼儿的听觉注意力为目的的游戏。

　　（2）发音练习游戏。学前期的幼儿虽然已经初步掌握了语言，但仍不能清楚地发准每一个音。教师可筛选近期幼儿发音中的语音难点，选择合适的语音练习游戏承载这些练习要素，指导幼儿在规则中积极主动地练习巩固，并发挥家长的同步教育。发音练习在幼儿生长发育过程中起着帮助幼儿正确发音、矫正口吃等重要作用，主要练习内容包括难发音、易错音、儿化音、方言、声调等。通常采用绕口令、儿歌等形式进行练习。

知识点 2

语音练习游戏素材范例

　　（1）儿歌。

《拉大锯》
拉大锯，扯大锯，姥姥门前看大戏，
你也去，我也去，大家一起去看戏。

　　（2）绕口令。

这只石狮子在撕纸
大晚上在网上买碗

　　（3）游戏。

《山上有个木头人》

山、山、山，山上有个木头人。三、三、三，三个好玩的木头人。不许说话不许动。

　　游戏规则：游戏时必须念儿歌，并可自由做动作。儿歌念完后就不能动，也不能发出声音。如果谁动了或发出了声音，就必须将手伸给同伴，而同伴则拉住他的手说："本来要打千千万万下，因为时间来不及，马马虎虎打三下。"然后边拍同伴的手心边说："一、二、三。"

　　活动延伸：让幼儿用"铁皮人""石头人""稻草人"等改编游戏儿歌，课后与家人或者小朋友一起玩这个游戏。

知识点 3

案例欣赏

照镜子

活动目标

（1）愿意参与游戏，在游戏中能与同伴进行交流。

（2）注意倾听对方讲话，学习用句子"照镜子、照镜子，我有……"来回答。

（3）初步接触数量词（一个、一张、一双、两只等），学习发准"个、张、双、只"等字音。

活动准备

（1）知识经验准备：幼儿已知道五官的名称。

（2）物质材料准备：一人一面镜子。

活动过程

（1）幼儿照镜子，说出五官的名称及数量。

① 幼儿集体照镜子，并说说从镜子里看到了脸上有什么。

② 引导幼儿正确说出脸上五官的名称及数量，并练习用完整的语句讲述"我有……"。

③ 教师以游戏的方式带领幼儿练习说五官的名称及数量。

（2）教师示范游戏玩法及规则，引导幼儿游戏。

① 教师示范游戏，引导幼儿观察，讨论游戏规则。教师提问："游戏是几个人玩的？老师说了什么？"引导幼儿练习对话内容。

② 教师引导幼儿游戏。教师先说，幼儿回答；幼儿先说，教师回答。

（3）幼儿相互游戏，教师巡回指导。

① 鼓励幼儿用镜子照照身体的其他地方。

② 请表现较好的幼儿到前面展示。

（4）带领幼儿边照镜子边继续拓展游戏。

活动反思

活动一开始，让幼儿自由地玩一玩、摸一摸、看一看、说一说，初步探索、感知镜子的特征。幼儿在这个过程中非常感兴趣，对着镜子做着各种各样的表情和动作，但是让幼儿说说你发现了什么的时候，幼儿还不能表达。最后的照镜子游戏活动让幼儿模仿老师的动作，通过游戏体验照镜子的快乐。

任务二　词汇练习游戏

一、任务描述

雏鹰幼儿园朵朵班的西西和瑞瑞小朋友今天在自由活动时展开了一场说反话语言大比拼。西西说"高"，瑞瑞说"不高"；西西说"开心"，瑞瑞说"不开心"；西西说"美丽"，瑞瑞说"不美丽"。凡是西西说的词语，瑞瑞都加上不字来表示反义，急得西西到丽丽老师这里说瑞瑞要赖，可瑞瑞说他没有要赖，"不"就是表示反对、反义的。丽丽老师由此想到班上孩子们的词汇储备和运用能力还有所欠缺，需要通过语言活动来改善这一现象。假如你是丽丽老师，你会组织一次什么样的语言活动呢?

二、学习目标

（1）掌握不同年龄段幼儿的词汇水平。
（2）利用幼儿感兴趣的话题设计、创编词汇练习游戏。
（3）根据活动内容设计、制作玩教具。
（4）设计并组织实施词汇练习游戏活动。
（5）掌握现代信息技术，并将其运用到活动中，以提高活动质量。
（6）具备把新的教育理念和方法运用在活动中的意识。

三、设计并实施词汇练习游戏活动

词汇练习游戏不仅能扩大幼儿的词汇储备量，还能帮助其深入理解已学词汇的含义，从而更好地使用词汇。开展词汇练习游戏活动时，要结合本班幼儿掌握的词汇特点，设计目标明确、内容明确、难度适中的游戏。

1. 小组任务分配

表3-10所示为小组任务分配表。根据幼儿园工作岗位和日常工作安排对学生进行分组分工，小组协调配合完成工作任务。

表 3-10　小组任务分配表

班级		组别		指导教师	
组长					
组员	姓名	备注	姓名	备注	
任务分工					

2. 获取信息/工作准备

引导问题1：进行词汇练习游戏的目的是什么?

_____

_____

_____

_____

引导问题 2：词汇练习游戏着重引导幼儿积累哪两方面的词汇学习经验?

_____

_____

_____

_____

_____

_____

🔍 **小提示**

　　词汇练习游戏是以丰富幼儿的词汇和正确运用词汇为目的的。学前阶段幼儿语言学习的一个重要方面是大量积累词汇、增加口语表达的内容。应该说，学前幼儿的词汇是在日常生活经验的积聚过程中逐步地增长起来的，几乎没有一个研究能确切地证明究竟一个幼儿每天能习得多少词汇。用听说游戏的活动方式帮助幼儿学习词汇，是专门考察幼儿对词汇敏感程度的机会。这类集中学习词汇的游戏，着重引导幼儿积累以下两方面的词汇学习经验：一是同类词组词的经验；二是不同类词搭配的经验。

　　引导问题 3：请对以下词汇进行连线，并分析词汇运用经验。
（1）同义词。

　　　　　开心　　　　　　　谢谢
　　　　　悲伤　　　　　　　高兴
　　　　　感激　　　　　　　难过

（2）反义词。

　　　　　宽敞　　　　　　　松弛
　　　　　紧张　　　　　　　乏味
　　　　　有趣　　　　　　　狭窄

（3）形容词、副词及动词等。

　　　　　慢慢地　　　　　　流淌
　　　　　缓缓地　　　　　　看着
　　　　　静静地　　　　　　走路

（4）量词、介词及名词等。

　　　　　一个　　　　　　　　笔
　　　　　在　　　　　　　　　人
　　　　　一支　　　　　　桌子上面

─────── ⚙ 小提示 ───────

词汇练习游戏可以选择以下 4 种方式进行。

（1）正话反说。

（2）词汇开花。

（3）词汇接龙。

（4）绕口令。

3. 工作计划

引导问题 4： 列出所带幼儿园班级集中存在的语言方面的问题，不少于 3 个，并分析问题产生的原因。

_____

_____

_____

_____

引导问题 5： 根据引导问题 4 中的语言方面的问题确定一个活动话题作为本次工作任务的主题。

_____

_____

_____

_____

─────── ⚙ 小提示 ───────

词汇练习游戏案例

（1）练习正确使用名词（动词、形容词、代词、量词）的游戏。如：给花找朋友——浇花、鲜花、开花、红花、花朵、凋谢的花。

（2）练习使用同类词、不同类词的游戏。

《小小邮递员》

咚咚咚！

收信者：谁呀？

邮递员：我是邮递员呀！

收信者：哪里来的信呀？

邮递员：上海来的信呀！（城市的名称每次都要换）

收信者：送给谁呀？

邮递员：送给×××！

收信者：谢谢！

收信者、邮递员：再见！

（3）词语接龙游戏。

教师与幼儿同做游戏，两人同念："我家弟弟真淘气，今晚带你去看戏。"幼儿："什么戏？"教师："游戏。"幼儿："什么游？"教师："菜油。""什么菜？""花菜。""什么花？"……以此类推，一问一答，循循善诱。

引导问题 6：设计词汇练习游戏应遵循语音练习游戏活动的四个基本步骤，充分考虑每个步骤细节，灵活运用教学方法和手段。请对该词汇练习游戏活动的各环节进行设计（见表 3-11）。

表 3-11　活动环节设计表

步骤	方法	内容	作用和效果	备注
设置游戏情境				
交代游戏规则				
教师引导游戏				
幼儿自主游戏				

引导问题 7：表 3-12 所示为玩教具清单，请按要求列出本次活动所需玩教具。可视情况选择幼儿园或模拟教室现有的玩教具，也可小组自行制作玩教具。

表 3-12　玩教具清单

序号	名称	数量	材质	如何运用	作用和效果

4. 做出决策

引导问题 8：表 3-13 所示为设计优化表。组内讨论每个同学的设计，指出设计存在的缺陷并提出解决办法。

表 3-13 设计优化表

组内成员	讨论前设计存在的缺陷	讨论后整理优化的设计方案

引导问题 9：创设词汇练习游戏情境的注意事项有哪些？

_____

_____

_____

_____

_____

引导问题 10：交代词汇练习游戏规则的注意事项有哪些？

_____

_____

_____

_____

_____

引导问题 11：根据小组最终意见完成本次词汇练习游戏活动设计，完成表 3-14。

表 3-14　词汇游戏活动设计表

班级		活动名称		重点领域	
主班教师		配班教师		活动时长	
设计意图					
活动目标					
活动准备					
活动过程	活动环节	活动内容		教学方法	备注
	设置游戏情境				
	交代游戏规则				
	教师引导游戏				
	幼儿自主游戏				
活动拓展					
活动反思					
	本方案特点		采用理由		

5. 工作实施

引导问题 12：请根据设计，写出活动开始前的注意事项。

_____

_____

_____

_____

引导问题 13：确定本次活动的主讲人，并确定实施流程。

_____

_____

_____

_____

引导问题 14：记录活动实施过程中存在的问题并提出解决措施。

_____

_____

_____

_____

6. 评价反馈

工作任务完成情况采取多元化评价，本次任务由小组自评学习过程（见表3-15）、小组互评工作过程（见表3-16）和教师总体评价（见表3-17）构成。

表3-15 小组自评表

班级		组别		日期	
评价指标	评价要素			分值	得分
信息检索	能有效利用网络资源、工作手册等查找有效信息；能用自己的语言有条理地阐述、表达所学知识；能将查找到的信息有效转换到工作中			10	
感知工作	熟悉工作岗位，认同工作价值；在工作中获得满足感			10	
参与状态	与教师、同学之间相互尊重、理解；与教师、同学之间能够保持多向、丰富、适宜的信息交流			20	

续表

评价指标	评价要素	分值	得分
参与状态	探究学习、自主学习不流于形式，能处理好合作学习和独立思考的关系，做到有效学习；能提出有意义的问题或能发表个人见解；能按要求正确操作；能够倾听、协作分享	20	
学习方法	活动计划、活动实施符合规范要求；获得了进一步发展的能力	10	
活动实施过程	完整流畅地实施教学，课堂生动有趣，幼儿参与度高，课堂把控好	20	
整理归位	活动结束后，玩教具的整理回收、场地清洁卫生及复位情况	10	
总分		100	

表3-16　小组互评表

班级		组别		日期	
评价指标	评价要素			分值	得分
团队协作	配合度高，无推诿扯皮现象，互帮互助			10	
设计方案	切实可行，符合该年龄段幼儿的特点，环节完整			10	
玩教具	制作精美环保，可操作性强，与活动内容匹配			20	
活动实施	按设计流程进行，各环节时间把控好，幼儿参与度高			30	
整理归位	活动结束后，及时对玩教具进行整理回收，打扫场地卫生及物品复位			10	
活动反思	语言表达流畅清晰，总结反思到位，能耐心倾听其他小组意见			20	
合计				100	

表3-17　教师总体评价表

学习情景三		听说游戏		工作任务二		词汇练习游戏
评价项目	评价标准				分值	得分
考勤	无迟到、早退、旷课				10	
引导问题	填写工整、完整、正确				10	
工作任务分析	信息点提取准确，分析到位，选取的对应理论知识和技能方法正确				20	
活动设计	目标设置与实践班级幼儿能力程度一致				5	
	活动环节衔接自然				5	
	游戏的设计新颖，儿歌创编得当				5	
	玩教具设计合理，不喧宾夺主				5	
活动实施	教师穿戴规范、整洁，用语规范				5	
	具有安全意识和环保意识				5	
	具备一定应变能力，现代信息化教学手段熟练				10	
整理归位	活动结束整理和恢复现场				10	
任务总结	分别列出存在的问题和改进措施				10	
合计					100	

四、拓展思考

（1）创编反义词、方位词游戏各1个。

（2）幼儿词汇发展的特点是什么？

（3）请以实物观察方式与幼儿进行一次对话，引入新增词汇2～4个，增加幼儿词汇量。

五、与词汇练习游戏相关的知识点

知识点 1

幼儿词汇发展特点

（1）词汇量迅速增加。

年龄（岁）	1	1.5	2	2.5	3	4	5	6
词汇量（个）	10	100	300	600	1100	1600～2000	2200～3000	3000～4000

（2）词类范围日益扩大。

① 掌握各类词的顺序：先实词，后虚词。

名词→动词→形容词→副词→数量词→介词、连词

② 词汇积累过程中，最初名词占主要地位，4岁以后，动词比例开始超过名词。各种词类所占比例：名词51%，动词25%，形容词10%，副词、数量词等14%。

（3）词义逐渐确切和加深，但词汇贫乏，概括性差，理解使用常出错。

① 词的理解：具体→抽象，以具体为主。

如：鹰—鸟类。

② 词义理解：本意→引申（隐喻）。

如：打（打人）、打球—打掩护、打理、打电话。

知识点 2

幼儿词汇教育的内容和途径

1. 词汇教育的内容

（1）丰富幼儿的词汇。

一是在日常生活中，通过与别人交往自然获得，这类词往往常用且浅显——生活用语。

二是成年人有意识地教给幼儿的词，这类词一般不易在自然状态下出现——学科专用词汇。

三是教的顺序，按照词类划分，先实词，后虚词。

名词（具体到抽象）→动词→形容词→副词→数量词→介词、连词。

按照不同年龄段幼儿的特点，小班、中班、大班幼儿的词汇要求各有不同，具体如表3-18所示。

表3-18   各年龄段幼儿词汇的具体内容

班级	中心要求	具体内容
小班	学习运用能理解的常用词	（1）周围物体：玩具、餐具、服装 （2）常见交通工具和动植物 （3）生活中常有的动作（动词）：吃饭、穿衣、玩 （4）简单的形容词：大小、红黄蓝绿、酸甜苦辣、快慢 （5）人称代词：你、我、他 （6）物体质量以及人好坏的形容词 （7）10以内的基本数词和常用量词
中班	大幅增加词汇量，提高质量	（1）名词：物体性质和制作材料 （2）动词：意义相近的词 （3）形容词：多种 （4）数量词：基数词、序数词、常用量词 （5）人称代词：你们、我们、他们 （6）常用副词、连词
大班	大量增加实词数量，提高质量	（1）名词（概括性强）：水果、蔬菜、粮食 （2）形容词：不同程度、复合、抽象意义 （3）同义词、反义词 （4）学习常用虚词

（2）教幼儿正确理解词义。

用已有经验解释并理解新词含义。

例：好看——美丽。

（3）教幼儿正确运用词。

消极词汇：词义不明确，使用不当的词。

积极词汇：真正理解的词汇。

还可对幼儿布置委托任务：如取物、打听。

2. 幼儿词汇教育的途径

（1）基本原则——直观性。

一是结合实物展示新词，二是结合动作展示新词，三是伴随手势、表情或象声词解释新词，四是利用图片等方式帮助幼儿理解词义，五是通过对比让幼儿掌握反义词。

（2）词汇教育的具体途径。

第一，在日常生活中丰富幼儿词汇——主要途径。

优势：形象、自然；

多次重复；

幼儿有学习的需求。

例：穿衣、盥洗、就餐、散步等。

第二，通过观察丰富幼儿词汇——幼儿认识事物的重要途径，包括观察实物和外出参观。

- 观察实物
- A. 观察前，多种形式激发兴趣。
- B. 观察中，谈话+问题（由外界人事到幼儿自身），引导观察深入。
- C. 观察近似物体：小、中、大班的要求。
- D. 观察后，及时讨论、总结。
- 外出参观
- A. 出发前，谈话告知参观目的和规则。
- B. 参观中，问题引导，集中注意，留足思考时间。
- C. 参观结束，教师总结。
- D. 参观归来，及时讨论、交流。

第三，运用教学游戏进行词语练习。

任务三 句子和语法练习游戏

一、任务描述

新学期开始了，雏鹰幼儿园朵朵班新入园的言言小朋友在中午吃饭的时候跟彦彦老师说："彦彦老师，饭饭，言言，吃……"放学的时候跟老师说："回家，彦彦老师，回家，言言……"彦彦老师通过观察，发现班里很多小朋友说话都有语序颠倒的问题。为帮助小朋友们掌握正确的语序，请设计并实施句子和语法练习游戏活动，使小朋友们提高语言表达的正确性和准确性。

二、学习目标

（1）掌握从简单句到合成句的引导方法。

（2）根据不同年龄段幼儿选择合适的游戏素材，会选择、制作与句子和语法练习游戏内容匹配的玩教具。

（3）设计并组织实施幼儿句子和语法练习游戏活动。

（4）具备帮助幼儿正确使用句子和语法的意识，注重幼儿句子和语法运用能力的迁移。

三、设计并实施句子和语法练习游戏活动

句子和语法练习游戏任务来源于幼儿园真实工作情境，能帮助幼儿熟练掌握各种句子和语法，还能促进幼儿更好地使用句子和语法。开展句子和语法练习游戏，要结合幼儿特点、明确设计目标、确定实施主题，扎实开展句子和语法练习游戏。

1. 小组任务分配

进行小组任务分配时，应考虑学生个体差异和能力，使其优质、高效地完成工作任务。小组任务分配表如表3-19所示。

表 3-19　小组任务分配表

班级		组别		指导教师	
组长					
组员	姓名	备注		姓名	备注
任务分工					

2. 获取信息/工作准备

引导问题 1：在网上搜索句子和语法练习游戏，积累 3 个并填在下面横线上。

游戏一

_____

_____

_____

_____

_____

游戏二

_____

_____

_____

_____

游戏三

_____

_____

_____

_____

_____

_____

引导问题 2： 小组内讨论每个同学积累的句子和语法练习游戏，分析优劣，从而正确认识句子和语法练习游戏。

句子和语法练习游戏是以_____，
并正确_____为目的的游戏，可以使幼儿通过有意识的、集中的练习，迅速
把握_____。这类游戏主要在_____、_____班进行。

引导问题 3： 小组分析、讨论工作任务描述，确定自己小组的句子和语法练习游戏活动的主题。

_____

_____

_____

_____

引导问题 4： 根据自己小组确定的句子和语法练习游戏活动主题，确定该游戏活动是否为竞赛性质的游戏。若是竞赛性质的游戏，是否准备游戏奖励，准备了哪些游戏奖励（语言或事物）？

_____

_____

_____

_____

_____

小提示

句子和语法练习游戏的游戏规则可以分为竞赛性质的游戏规则和非竞赛性质的游戏规则，都能产生激励性质的效应，可以促使幼儿积极参与游戏。但对幼儿来讲，具有竞赛性质的游戏更具有挑战性。

引导问题 5： 请判断设置的游戏奖励物品是否恰当。如果恰当，则在括号里填上"√"，如果不恰当则在括号里填上"×"。

（1）准备糖果作为游戏奖励。 （ ）

（2）准备水果作为游戏奖励。 （ ）

（3）准备糕点作为游戏奖励。 （ ）

（4）准备带有尖角的小玩具作为游戏奖励。 （ ）

（5）准备手工玩偶作为游戏奖励。　　　　　　　　　　　　　（　　）
（6）把老师的一个拥抱作为游戏奖励。　　　　　　　　　　　（　　）
（7）准备一个小奖章作为游戏奖励。　　　　　　　　　　　　（　　）
（8）给家长打电话表扬作为游戏奖励。　　　　　　　　　　　（　　）
（9）排队时站在最前面作为游戏奖励。　　　　　　　　　　　（　　）
（10）在游戏中做主持人作为游戏奖励。　　　　　　　　　　　（　　）

🔍 **小提示**

奖励幼儿的注意事项

1. 慎用物质奖励

在幼儿园中，常用的物质奖励是小红花、小粘贴、小奖章等。其实奖励有很多的方法，一句言语、一个眼神，甚至一个小小的肢体动作，如摸摸幼儿的头、拥抱幼儿等，都可以让幼儿感到开心。

2. 奖励要约定在前

所有奖励的方式都可以在玩游戏之前，先和幼儿进行讨论约定，让所有的幼儿都知道。当奖励的形式公布以后，就不宜随便变更，否则会让幼儿感到随心所欲、无所适从。

3. 奖励幼儿通过努力而达成的行为

对幼儿进行奖励的最终目标，是帮助他们掌握游戏中具体的句子和语法。因此，老师应奖励幼儿通过努力而达成的行为。

4. 把握使用奖励的最佳时期

幼儿往往根据短期的可预见结果调整自己的行为。在激励幼儿学习一个新的游戏时，有必要在幼儿每次表现出好成绩时给予奖励。

引导问题6： 根据确定的主题，画出句子和语法练习游戏活动的设计流程图（见图3-1），并填上各个环节的主要内容。

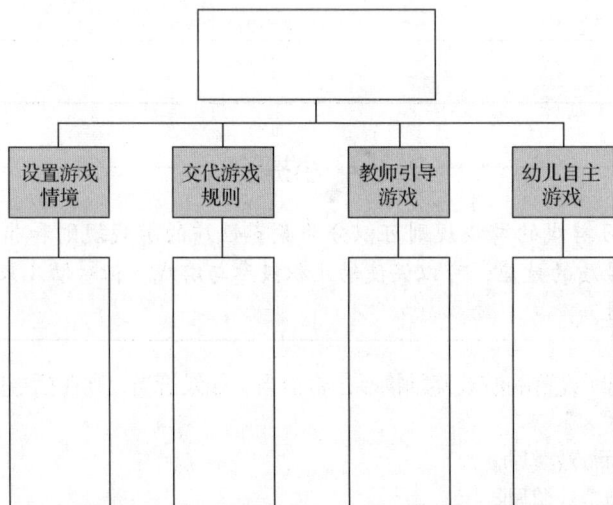

图3-1　句子和语法练习游戏活动的设计流程图

3. 工作计划

引导问题 7：根据句子和语法练习游戏活动的设计流程图合理分配各个环节的时间，并说明这样分配时间的意图。活动环节用时分配如表 3-20 所示。

表 3-20　活动环节用时分配表

流程	时间分配	分配意图	备注
设置游戏情境			
交代游戏规则			
教师引导游戏			
幼儿自主游戏			

引导问题 8：请根据流程图，对该句子和语法练习游戏活动的各环节进行设计。表 3-21 所示为活动环节设计表。

表 3-21　活动环节设计表

流程	教学方法	玩教具名称及数量	作用和效果	备注
设置游戏情境				
交代游戏规则				
教师引导游戏				
幼儿自主游戏				

4. 做出决策

引导问题 9：针对句子和语法练习游戏活动的内容，小组内讨论活动设计，分析各流程优劣，完成设计优化表（见表 3-22）。

表 3-22　设计优化表

流程	存在的缺陷	优化方案
设置游戏情境		
交代游戏规则		
教师引导游戏		
幼儿自主游戏		

引导问题 10：综合每位同学及教师的意见，确定小组的最终设计方案，完成句子和语法练习游戏活动设计表（见表 3-23）。

表 3-23　句子和语法练习游戏活动设计表

班级		活动名称		重点领域	
主班教师		配班教师		活动时长	
设计意图					
活动目标					
活动准备					
活动过程	活动环节	活动内容		教学方法	备注
	设置游戏情境				

续表

	活动环节	活动内容	教学方法	备注
活动过程	交代游戏规则			
	教师引导游戏			
	幼儿自主游戏			
活动拓展				
活动反思				

本方案特点	采用理由

5. 工作实施

引导问题 11：根据句子和语法练习游戏活动设计，画出活动场地布置平面图。

引导问题 12： 请根据句子和语法练习游戏活动设计，写出活动开始前的注意事项。

_____

_____

_____

_____

引导问题 13： 记录句子和语法练习游戏活动实施过程中存在的问题并提出解决措施。

_____

_____

_____

_____

6. 评价反馈

工作任务完成情况采取多元化评价，本次任务由小组自评学习过程（见表 3-24）、小组互评工作过程（见表 3-25）和教师总体评价（见表 3-26）构成。

表 3-24　小组自评表

班级		组别		日期	
评价指标	评价要素			分值	得分
信息检索	能有效利用网络资源、工作手册等查找有效信息；能用自己的语言有条理地阐述、表达所学知识；能将查找到的信息有效转换到工作中			10	
感知工作	熟悉工作岗位，认同工作价值；在工作中获得满足感			10	
设计方案	方案符合幼儿年龄阶段的特点；设计流程各环节时间分配合理；竞技性游戏准备奖品			10	
参与状态	与教师、同学之间相互尊重、理解；与教师、同学之间能够保持多向、丰富、适宜的信息交流			10	
	探究学习、自主学习不流于形式，能处理好合作学习和独立思考的关系，做到有效学习；能提出有意义的问题或能发表个人见解；能按要求正确操作；能够倾听、协作分享			10	
	不畏困难，勇于承担，积极乐观面对问题；积极参与课堂，对学习充满热情与信心			10	
学习方法	活动计划、活动实施符合规范要求；获得了进一步发展的能力			10	
活动实施过程	完整流畅地实施教学，课堂把控好			10	
	课堂生动有趣，学生参与度高			10	
整理归位	活动结束后，玩教具的整理回收、场地清洁卫生及复位情况			10	
总分				100	

表 3-25 小组互评表

班级		组别		日期	
评价指标	评价要素			分值	得分
团队协作	配合度高，无推诿扯皮现象，互帮互助			10	
设计方案	切实可行，符合该年龄段幼儿的特点，环节完整			10	
玩教具	制作精美环保，可操作性强			10	
	与活动内容匹配度高			10	
活动实施	按设计流程进行，各环节时间把控好			10	
	活动实施过程中，未出现安全问题			10	
	学生参与度高			10	
整理归位	活动结束后，及时对玩教具进行整理回收，打扫场地卫生及物品复位			10	
活动反思	语言表达流畅清晰，总结反思到位			10	
	能耐心倾听其他小组意见			10	
合计				100	

表 3-26 教师总体评价表

学习情景三	听说游戏		工作任务三	句子和语法练习游戏	
评价项目	评价标准			分值	得分
考勤	无迟到、早退、旷课			10	
引导问题	填写工整、完整、正确			10	
工作任务分析	信息点提取准确，分析到位			10	
	选取的对应理论知识和技能方法正确			10	
活动设计	目标设置与幼儿发展特点和规律一致			5	
	内容有利于幼儿接受且容量恰当			5	
	游戏的设计新颖，儿歌创编得当			5	
	玩教具设计合理，不喧宾夺主			5	
活动实施	教师穿戴规范、整洁			5	
	具有安全意识和环保意识			5	
	按流程实施教学，具备一定应变能力			10	
整理归位	活动结束整理和恢复现场			10	
任务总结	分别列出存在的问题和改进措施			10	
合计				100	

四、拓展思考

（1）收集不同类型的句子和语法练习游戏3~5个。

（2）谈谈幼儿语法发展的特点。

（3）到实践幼儿园观摩一次句子和语法练习游戏活动，并做好活动记录。

五、与句子和语法练习游戏相关的知识点

知识点 1

句子和语法练习游戏基础知识

1. 句子和语法练习游戏概念

句子和语法练习游戏是以训练幼儿按语法规则组词成句，并正确运用各种句式为目的的游戏，可以使幼儿通过有意识的、集中的练习，迅速把握某一种句型的特点和规律。这类游戏主要在中、大班进行。

2. 句子和语法练习游戏的游戏规则

句子和语法练习游戏的游戏规则可以分为竞赛性质的游戏规则和非竞赛性质的游戏规则，都能产生激励性质的效应，可以促使幼儿积极参与游戏。但对幼儿来讲，具有竞赛性质的游戏更具有挑战性。

3. 幼儿语法发展的特点

语法由一系列语言单位和有限的语言规则构成，是语言的最为抽象的基础系统。所谓掌握了一种语言，在很大程度上是指掌握了一种语言的语法系统。

（1）语句的发展。

2岁以前，幼儿主要是说单词句和双词句。2岁以后，幼儿逐渐说比较完整的句子。到6岁左右，98%以上的幼儿使用完整句。

句型从简单到复杂：① 从简单句到复合句；

② 从陈述句到非陈述句；

③ 从无修饰句到修饰句。

（2）句子结构和词性从混沌一体到逐步分化。

① 结构层次的分化：单词句到双词句；

② 表达内容的分化：黑色的小白兔→黑兔、白兔；

解放军叔叔→解放军、叔叔。

（3）句子结构从松散到逐步严谨。

句子简单且不完整→结构逐渐严谨→词排列有序→出现连词→出现修饰语。

例：老师，出去→老师，我要出去。

（4）句子结构从压缩、呆板到逐步扩展和灵活。

语句只有核心词汇→有修饰语和补充说明的成分。

4. 句子和语法练习游戏的常用句型素材

（1）转折关系：虽然……但是……、尽管……还是……、却……、然而……、但是……、虽然……却……、即使……也……

（2）假设关系：如果……就……、要是……那么……、即便……也……、倘若……就……、要是……就……、倘若……便……

（3）并列关系：一边……一边……、一会儿……一会儿……、既……又……、又……又……、一面……一面……、有……有……

（4）递进关系：不但……而且……、不光……也……、不仅……还……、不但不……反而……

（5）选择关系：是……还是……、要么……要么……、或者……或者……、与其……不如……、宁可（宁愿）……也不（绝不）……

（6）因果关系：因为……所以……、之所以……是因为……、既然……就……

（7）条件关系：只要……就……、只有……才……、无论（不论、不管、任凭）……都（也、还）……

（8）承接关系：一……就……、首先……然后……、首先……接着……

💬 知识点2

句子和语法游戏示例

1. 练习转折关系的句子和语法游戏

我很快乐（大班）

目标：要求幼儿用"虽然……但是……"造句。

玩法与规则：先让幼儿理解"虽然……但是……"表示承认甲事为事实，但乙事并不因此成立，表示转折的语气；再根据"我很快乐"的情境用"虽然……但是……"造句。

例如："虽然我上幼儿园要离开妈妈，但是我很快乐。"

"虽然玩游戏失败，但是我很快乐。"

"虽然刚搭好的积木垮掉了，但是我很快乐。"

给说得好的幼儿奖励一个小贴纸。

2. 练习假设关系的句子和语法游戏

用语言表达爱（中班）

目标：要求幼儿用"如果……就……"造句。

玩法与规则：先让幼儿理解"如果……就……"表示前分句所假定某种情况出现了，就会引发后分句所表达的另一种情况的出现；再根据"用语言表达爱"的情境用"如果……就……"造句。

例如："如果爱我，你就亲亲我。"

"如果爱我，你就夸夸我。"

"如果爱我，你就抱抱我。"

给说得好的幼儿奖励一个小印章。

3. 练习并列关系的句子和语法游戏

春游（中班）

目标：要求幼儿用"一边……一边……"造句。

玩法与规则：先让幼儿理解"一边……一边……"表示同时做两件事；再根据"春游"的情境用"一边……一边……"造句。

例如："我一边上车，一边跟妈妈说再见。"

"我们一边唱歌，一边摘野花。"

"我们一边跑步，一边捉蝴蝶。"

给说得好的幼儿奖励一朵小红花。

4. 练习递进关系的句子和语法游戏

幼儿园里有什么（大班）

目标：要求幼儿用"不仅……还……"造句。

玩法与规则：先让幼儿理解"不仅……还……"表示不止这一个，还有类似的东西；再根据"幼儿园里有什么"的情境用"不仅……还……"造句。

例如："幼儿园里不仅有滑滑梯，还有跷跷板。"

"幼儿园里不仅有温柔的老师，还有可爱的同学。"

"幼儿园里不仅有好看的绘本，还有好玩的玩具。"

给说得好的幼儿奖励一个小印章。

5. 练习选择关系的句子和语法游戏

我们到底做什么（大班）

目标：要求幼儿用"要么……要么……"造句。

玩法与规则：先让幼儿理解"要么……要么……"表示两件事不可以同时存在、同时成立；再根据"我们到底做什么"的情境用"要么……要么……"造句。

例如："这节课，要么画画，要么唱歌。"

"我们要么听老师讲故事，要么跳舞。"

"我们要么喝水，要么上厕所。"

给说得好的幼儿奖励一个小贴纸。

6. 练习因果关系的句子和语法游戏

我很快乐（中班）

目标：要求幼儿用"因为……所以……"造句。

玩法与规则：先让幼儿理解"因为……所以……"中，"因为"后面描述的是事情发生的原因，"所以"后面描述的是事情导致的结果；再根据"我很快乐"的情境用"因为……所以……"造句。

例如："因为老师喜欢我，所以我很快乐。"

"因为言言喜欢我，所以我很快乐。"

"因为幼儿园里很好玩，所以我很快乐。"

给说得好的幼儿奖励一个小印章。

7. 练习条件关系的句子和语法游戏

我喜欢你（中班）

目标：要求幼儿用"只有……才……"造句。

玩法与规则：先让幼儿理解"只有……才……"表示条件唯一，再根据"我喜欢你"的情境用"只有……才……"造句。

例如："只有你喜欢我，我才会喜欢你。"

　　　　"只有你跟我一起玩儿，我才会喜欢你。"

　　　　"只有你听老师的话，不调皮捣蛋，我才会喜欢你。"

给说得好的幼儿奖励一朵小红花。

8. 练习承接关系的句子和语法游戏

先洗小手手（中班）

目标：要求幼儿用"首先……然后……"造句。

玩法与规则：先让幼儿理解"首先……然后……"表示顺序，再根据"先洗小手手"的情境用"首先……然后……"造句。

例如："我首先洗手，然后吃饭。"

　　　　"我们首先洗手，然后一起吃点心。"

　　　　"我们首先洗手，然后一起吃水果。"

给说得好的幼儿奖励一个小印章。

任务四　描述性游戏

一、任务描述

雏鹰幼儿园果果班的莉莉老师在开展"动物园里有什么"描述性游戏的时候，发现班里很多小朋友无法准确、连贯地描述动物园里的动物。莉莉老师想提高小朋友们对事物进行具体形象描述的能力，特在班里开展描述性游戏活动。

二、学习目标

（1）熟练地将描述性语言的学习目标隐藏于游戏之中。

（2）根据不同年龄段幼儿选择合适的游戏素材，并制作与描述性游戏内容匹配的玩教具。

（3）掌握游戏规则的设置技巧。

（4）创编描述性游戏儿歌。

（5）设计并组织实施幼儿描述性游戏活动。

三、设计并实施描述性游戏

描述性语言游戏以训练幼儿用比较连贯的语言，具体形象地描述事物，提高口语表达能力为目的。实施该任务要综合全面地考虑描述性游戏活动的策划、组织和实施，提前谋划、积累素材，扎实开展。

1. 小组任务分配

进行小组任务分配时，应考虑学生个体差异和能力，使其优质、高效地完成工作任务。小组任务分配表如表 3-27 所示。

表 3-27　小组任务分配表

班级		组别		指导教师	
组长					
组员	姓名	备注	姓名	备注
任务分工					

2. 获取信息/工作准备

引导问题 1：查阅资料，了解描述性游戏的概念。

描述性游戏是在对幼儿进行＿＿＿＿＿＿＿＿＿＿、＿＿＿＿＿＿＿＿＿＿、＿＿＿＿＿＿＿＿＿ 练习的基础上，训练幼儿用＿＿＿＿＿＿＿＿＿＿的语言对事物进行＿＿＿＿＿＿＿＿＿＿＿＿ 的游戏。

描述性游戏不仅可以提高幼儿＿＿＿＿＿＿＿＿＿＿＿＿＿＿＿＿＿＿＿＿＿＿＿，而且能促使幼 儿＿＿＿＿＿＿＿＿＿＿＿＿＿＿＿＿＿，了解各种社会关系，对发展幼儿的求知欲和观察力、 扩大他们的知识范围都有积极的作用。这类游戏适合在＿＿＿＿＿＿＿＿＿＿班进行。

引导问题 2：小组分析、讨论工作任务描述，确定自己小组的描述性游戏活动的主题。

_____

_____

_____

_____

_____

引导问题 3：根据确定的主题，画出描述性游戏活动的设计流程图（见图 3-2），并填上各个环 节的主要内容。

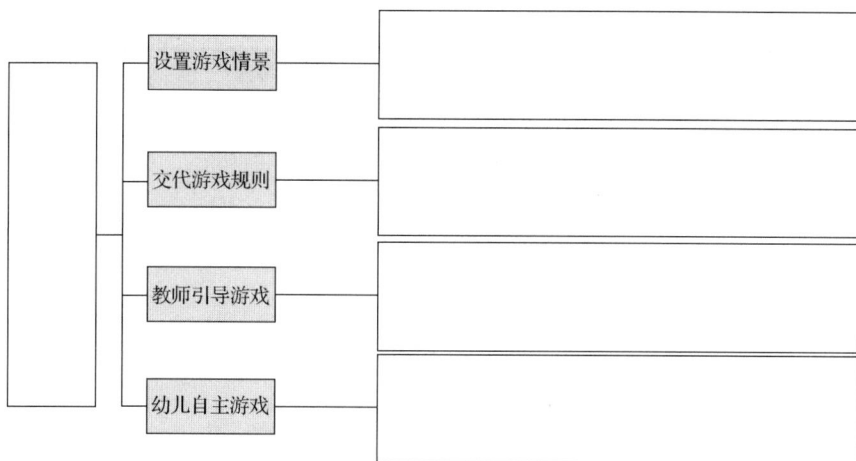

图 3-2 描述性游戏活动的设计流程图

引导问题 4：根据自己小组确定的描述性游戏活动主题，确定该游戏活动是否为竞赛性质的游戏。若是竞赛性质的游戏，是否准备游戏奖励，准备了哪些游戏奖励（语言或物品）？

_____

_____

_____

_____

3. 工作计划

引导问题 5：根据描述性游戏活动的设计流程图合理分配各个环节的时间，说明如此分配时间的意图。活动环节用时分配表如表 3-28 所示。

表 3-28 活动环节用时分配表

流程	时间分配	分配意图	备注
设置游戏情境			
交代游戏规则			

续表

流程	时间分配	分配意图	备注
教师引导游戏			
幼儿自主游戏			

引导问题6：请根据流程图，对该描述性游戏活动的各环节进行设计。活动环节设计表如表3-29所示。

表3-29　活动环节设计表

活动流程	教学方法	游戏素材	玩教具名称及数量	作用和效果	备注
设置游戏情境					
交代游戏规则					
教师引导游戏					
幼儿自主游戏					

4. 做出决策

引导问题 7：针对描述性游戏活动环节设计，小组内讨论活动设计，分析各流程优劣，完成活动设计优化表（见表 3-30）。

表 3-30 活动设计优化表

流程	存在的缺陷	优化方案
设置游戏情境		
交代游戏规则		
教师引导游戏		
幼儿自主游戏		

引导问题 8：综合每位同学及教师的意见，确定小组的最终设计方案，完成表 3-31。

表 3-31 描述性游戏活动设计表

班级		活动名称		重点领域	
主班教师		配班教师		活动时长	
设计意图					
活动目标					
活动准备					

活动过程	活动环节	活动内容	教学方法	备注
	设置游戏情境			
	交代游戏规则			

	活动环节	活动内容	教学方法	备注
活动过程	教师引导游戏			
	幼儿自主游戏			
活动拓展				
活动反思				

本方案特点		采用理由	

5. 工作实施

引导问题 9：请列出该描述性游戏活动环境创设所需物品（见表 3-32）并画出活动场地平面布置图。

表 3-32　环境创设所需物品清单

序号	名称	数量	如何运用	备注

引导问题 10：请根据活动设计，写出活动开始前的注意事项。

引导问题 11：记录描述性游戏实施过程中存在的问题并提出解决措施。

6. 评价反馈

工作任务完成情况采取多元化评价，本次任务由小组自评学习过程（见表 3-33）、小组互评工作过程（见表 3-34）和教师总体评价（见表 3-35）构成。

表 3-33　小组自评表

班级		组别		日期	
评价指标	评价要素			分值	得分
信息检索	能有效利用网络资源、工作手册等查找有效信息；能用自己的语言有条理地阐述、表达所学知识；能将查找到的信息有效转换到工作中			10	
感知工作	熟悉工作岗位，认同工作价值；在工作中获得满足感			10	
设计方案	方案符合幼儿年龄阶段的特点；设计流程各环节时间分配合理；竞技性游戏准备奖品			10	
参与状态	与教师、同学之间相互尊重、理解；与教师、同学之间能够保持多向、丰富、适宜的信息交流			10	
	探究学习、自主学习不流于形式，能处理好合作学习和独立思考的关系，做到有效学习；能提出有意义的问题或能发表个人见解；能按要求正确操作；能够倾听、协作分享			10	
	不畏困难，勇于承担，积极乐观面对问题；积极参与课堂，对学习充满热情与信心			10	
学习方法	活动计划、活动实施符合规范要求；获得了进一步发展的能力			10	
活动实施过程	完整流畅地实施教学，课堂把控好			10	
	课堂生动有趣，学生参与度高			10	
整理归位	活动结束后，玩教具的整理回收、场地清洁卫生及复位情况			10	
总分				100	

表 3-34　小组互评表

班级		组别		日期	
评价指标	评价要素			分值	得分
团队协作	配合度高，无推诿扯皮现象，互帮互助			10	
设计方案	切实可行，符合该年龄段幼儿的特点，环节完整			10	
玩教具	制作精美环保，可操作性强			10	
	与活动内容匹配度高			10	
活动实施	按设计流程进行，各环节时间把控好			10	
	活动实施过程中，未出现安全问题			10	
	学生参与度高			10	
整理归位	活动结束后，及时对玩教具进行整理回收，打扫场地卫生及物品复位			10	
活动反思	语言表达流畅清晰，总结反思到位			10	
	能耐心倾听其他小组意见			10	
合计				100	

表3-35　教师总体评价表

学习情景三	听说游戏	工作任务四	描述性游戏
评价项目	评价标准	分值	得分
考勤	无迟到、早退、旷课	10	
引导问题	填写工整、完整、正确	10	
工作任务分析	信息点提取准确，分析到位	10	
	选取的对应理论知识和技能方法正确	10	
活动设计	目标设置与幼儿发展特点和规律一致	5	
	内容有利于幼儿接受且容量恰当	5	
	游戏的设计新颖，儿歌创编得当	5	
	玩教具设计合理，不喧宾夺主	5	
活动实施	教师穿戴规范、整洁	5	
	具有安全意识和环保意识	5	
	按流程实施教学，具备一定应变能力	10	
整理归位	活动结束整理和恢复现场	10	
任务总结	分别列出存在的问题和改进措施	10	
合计		100	

四、拓展思考

（1）创编不同类型的描述性游戏3～5个。

（2）选择1～3个创编作品进行活动设计。

（3）到实践幼儿园观摩一次描述性游戏活动，并做好活动记录。

五、与描述性游戏相关的知识点

知识点 1

描述性游戏基础知识

1. 描述性游戏概念

描述性游戏是在对幼儿进行语言、词汇、句子练习的基础上，训练幼儿用比较连贯的语言对事物进行具体形象描述的游戏。

描述性游戏不仅可以提高幼儿独立、连贯的讲述能力，而且能促使幼儿对事物形成正确的理解和认识，了解各种社会关系，对发展幼儿的求知欲和观察力、扩大他们的知识范围都有积极的作用。这类游戏适合在大班进行。

2. 描述性游戏的类型

描述性游戏主要有讲故事、编谜语、角色游戏与表演游戏等类型。

讲故事是描述性游戏主要的游戏形式之一，有复述故事、续句合编故事、续编故事、自编故事等几种难度层次。

编谜语也是描述性游戏的一种有效的游戏形式。

角色游戏与表演游戏是发展幼儿语言表达能力的综合性游戏。

3. 描述性游戏能培养幼儿在语言交往中的机智性和灵活性

（1）迅速领悟游戏语言规则的能力。

（2）迅速调动个人已有语言经验编码的能力。

（3）迅速以符合规则要求的方式表达的能力。

4. 描述性游戏常用形容词素材

（1）单音节形容词的重叠形式是"AA"。

大大、小小、高高、矮矮、长长、短短、粗粗、细细、红红、蓝蓝、绿绿……

（2）双音节形容词的重叠一般表示程度的加强，有三种格式。

① AABB。

口口声声	断断续续	浩浩荡荡	开开心心	干干净净
松松散散	密密麻麻	冷冷清清	来来往往	踉踉跄跄
大大方方	客客气气	说说笑笑	的的确确	反反复复
方方正正	实实在在	踏踏实实	扎扎实实	平平安安
是是非非	堂堂正正	偷偷摸摸	唯唯诺诺	快快乐乐
干干净净	唠唠叨叨	利利落落	冷冷清清	吞吞吐吐

② A 里 AB：这里的 AB 限于某些含贬义的形容词，重叠后既表示程度加强，又表明嫌恶的感情。

小里小气　古里古怪　慌里慌张　糊里糊涂　马里马虎

③ ABAB：这里的 AB 只限于某些带有表示程度的语素的双音节形容词。

冰凉冰凉　雪白雪白　通红通红　笔直笔直　碧绿碧绿　鲜红鲜红

（3）重叠属于形容词生动形式。形容词生动形式除了重叠之外还有单音节形容词 A 加双音节或多音节后缀这两种形式。

① A+双音节后缀：这个后缀一般是叠音的。

暖洋洋	醉醺醺	香喷喷	干巴巴	沉甸甸　羞答答	亮晶晶
沉甸甸	白花花	绿油油	黑黝黝	慢腾腾　阴森森	皱巴巴
亮铮铮	笑嘻嘻	香喷喷	乱哄哄	黑漆漆　轻飘飘	湿漉漉
红彤彤	骨碌碌	雾蒙蒙	喜盈盈	亮晶晶　黄灿灿	孤零零
毛茸茸	胖乎乎	一颗颗	一簇簇	绿油油　黄澄澄	红彤彤
光闪闪	油乎乎	光溜溜	黑油油	黏糊糊　脏兮兮	皱巴巴
松塌塌	胖墩墩	肉墩墩	瘦巴巴	瘦嶙嶙　喜洋洋	喜滋滋
喜冲冲	兴冲冲	乐悠悠	乐陶陶	乐滋滋　白花花	绿莹莹
黄澄澄	绿油油	明晃晃	慢腾腾	沉甸甸　娇滴滴	泪汪汪

② A+多音节后缀。

黑不溜秋　黑咕隆咚　花里胡哨　傻不愣登

形容词的生动形式不受"不"和"很"的修饰。如不说"不慢慢、不干干净净、不老里老气、不活生生、不灰不溜秋、很慢慢、很干干净净、很老里老气、很活生生、很灰不溜秋"。

知识点2

描述性游戏案例

中班描述性游戏：种莲子

（一）素材

游戏名称：种莲子。

游戏目标：练习幼儿的倾听与表达能力，侧重于表达方面，主要是练习幼儿的口语表达能力。

游戏玩法和规则：一个幼儿扮演种莲子的人，其他幼儿扮演莲子要种进的池塘里的泥。扮演泥的幼儿先将眼睛闭起来，将手掌打开背到身后。种莲子的幼儿围着泥走，边走边和扮演泥的幼儿一起朗诵儿歌："种莲子，种莲子，不知莲子种哪家，东一家，西一家，到了明年就开花。"种莲子的幼儿需要在儿歌结束前将莲子放在一个扮演泥的幼儿手里。儿歌结束后，种莲子的幼儿要用清楚连贯的语言描述拿到莲子的幼儿的外貌、衣着等特征，请大家来猜莲子种到谁的家。在大家准确猜出莲子种到谁的手里后，被猜出的幼儿要重复说出自己的外貌、衣着等特征。

扮演泥的幼儿在儿歌朗诵期间，不能睁开眼睛偷看，扮演种莲子的人的幼儿，要在儿歌结束前完成把莲子种进一个幼儿手里的任务，并且能用清楚连贯的语言准确描述被种进莲子的单个幼儿的外貌、衣着等特征。同样的泥不能反复多次被种进同一个莲子，要变换种莲子的对象，使更多的泥都有机会被种进莲子，也有机会扮演种莲子的人。

（二）素材分析

《3-6岁儿童学习与发展指南》中指出，幼儿的语言能力是在交流和运用的过程中发展起来的。中班幼儿以具体形象思维为主，因此要选取贴近幼儿生活的语言作品作为活动的内容，这样便于幼儿更好地开展游戏，而游戏"种莲子"就符合这一特点，可以让幼儿在视、听、说、做的过程中感受游戏的乐趣，并在游戏的过程中潜移默化地达到发展幼儿倾听和表达能力的目的。

（三）活动设计

请设计一个完整的中班幼儿描述性游戏活动"种莲子"，具体要求如下。

1. 活动目标

活动目标要符合《纲要》的精神，符合幼儿的认知水平和情感需要，以幼儿为行为主体制定目标；目标要具体明确、可操作、可检测；目标数量不宜过多，以3个为宜，包括认知目标、能力目标和情感目标，重点呈现新经验和需要重复的重要经验。

2. 活动准备

活动准备包括物质准备和经验准备。物质准备包括围绕教学内容为幼儿提供支持其学习的活动环境、活动材料、必要的教具、玩具、学具等；活动材料不宜过多过杂，要从目标和达成目标的过程、环节和方法的实际需要出发。经验准备根据活动需要制定，包括知识、经验、心理等方面的准备。

3. 活动过程

根据教学内容和幼儿实际情况选择有效的教学策略，激发幼儿的学习兴趣，以游戏为主，体现自主性、合作性、探究性、体验式等学习方式；教学过程要层次分明、重点突出、难点突破，充分体现师幼互动。

4. 活动延伸

活动可向区域活动、生活活动及家庭、社区等延伸，包括重复强调和后续拓展两种类型。

知识点3

活动设计参考
中班听说游戏：种莲子

活动目标

1. 认知目标

了解描述人的方法，能通过外貌、衣着等外部特征去描述。

2. 能力目标

运用比较连贯的语句清楚地描述人的外貌、衣着等特征。听同伴的发言，并能根据描述做出正确判断。

3. 情感目标

遵守游戏规则，感受游戏的快乐。

活动准备

1. 知识经验准备

（1）通过视频或现场观看，了解种莲子的劳动场景。

（2）学会朗诵儿歌《种莲子》：种莲子，种莲子，不知莲子种哪家，东一家，西一家，到了明年就开花。

2. 物质准备

多只新鲜、干净的，可以即食的莲蓬。

活动过程

1. 创设游戏情境

出示莲蓬。小朋友们，看，这是什么？这就是莲蓬！（剥出莲子）你们吃过莲子吗？好吃吗？我们在池塘的泥里种上莲子，明年就能结出莲蓬。既然大家都这么喜欢吃好吃的莲子，今天，老师就请小朋友们扮演池塘里的泥，老师将这颗莲子种到池塘的泥里，我们一起玩一个好玩的游戏"种莲子"，好吗？

首先，我们一起复习前面学习的儿歌《种莲子》。

2. 交代游戏规则和玩法

（1）扮演泥的幼儿一起朗诵儿歌，在朗诵儿歌时必须将眼睛闭起来，不能偷看，等儿歌朗诵完后才能睁开眼睛。

（2）种莲子的人在儿歌结束前要将莲子放在一个幼儿的手里，然后用清楚连贯的语言描述这个幼儿的外貌、衣着特征，请大家来猜。

（3）被猜出的幼儿要重复说出自己的外貌、衣着特征。

3. 教师引导幼儿游戏

幼儿围坐成圆形，闭上眼睛，手背在后面，手掌向上。教师扮演种莲子的人，先示范一次游戏的玩法，让幼儿进一步熟悉游戏规则和玩法。当幼儿了解游戏规则和玩法以后，再请幼儿根据游戏情境和玩法依次扮演种莲子的人，继续游戏，直到幼儿完全掌握游戏规则和玩法，并感受到游戏的快乐。

4. 幼儿自主游戏，探索"种莲子"的新玩法

教师提醒：无论怎样变换玩法，种莲子的幼儿都要清楚连贯、声音洪亮地描述被种莲子的幼儿外貌、衣着特征，种莲子的幼儿和拿到莲子的幼儿都要注意保密。

5. 游戏结束，品尝莲子

幼儿剥开莲蓬，品尝莲子，谈谈对"种莲子"游戏的感受和莲子的味道。

活动延伸

请幼儿在表演角和同伴继续玩今天的游戏，或者回家和家人一起玩。

💬 知识点4

说课参考样例

说课练习：（1）理论功底扎实，充分体现现代学前教育的要求；

（2）仪表庄重，行为大方，举止文雅，表情自然、丰富；

（3）口齿清晰，语言规范，条理清楚，逻辑性强，表达流畅，有感染力。

"种莲子"说课稿

尊敬的各位老师：

大家上午好。今天我说课的题目是中班语言游戏活动"种莲子"。下面我将从说活动教材、说幼儿情况、说活动方法、说活动准备、说活动过程、说活动延伸六个方面展开我的说课。

1. 说活动教材

本次的教材是听说游戏"种莲子"。听说游戏是用游戏的方式练习幼儿的倾听和表达能力的语言教育活动，有助于培养幼儿的快速反应能力和语言运用能力。结合中班幼儿的年龄特点，制定如下三个方面的活动目标。

认知目标：了解描述人的方法，能通过外貌、衣着等外部特征去描述。

能力目标：运用比较连贯的语句描述同伴的外貌、衣着等特征；注意倾听同伴的发言，并能根据描述做出正确判断。

情感目标：遵守游戏规则，感受游戏的快乐。

结合本次活动的主要内容及三维教学目标，确立如下教学重难点。

重点：通过游戏，练习运用比较清楚、连贯的语句描述同伴的外貌、衣着等外部特征。

难点：在活动过程中能根据同伴的描述迅速做出正确的判断，并能够很好地遵守游戏规则。

2. 说幼儿情况

在活动中，我们不仅要对教材进行分析，还要对幼儿现有水平有明晰的把握，这样才能做到因材施教。接下来我将对幼儿情况进行简要分析：中班幼儿以具体形象思维为主，因此一定要选取贴近幼儿生活的语言作品作为活动的内容，这样便于幼儿更好地联系实际生活，理解文学作品的内容，而"种莲子"就符合这一特点。莲子作为生活中比较常见的食物，很多小朋友都见过，也通过现场感受或从电视上看过种莲子的劳动场景，并且在游戏开始之前，我们已经学过了儿歌《种莲子》。这首儿歌朗朗上口，富有节奏感，简短易记，幼儿很容易掌握。这样，就为全体幼儿都参与游戏，开展集体听说游戏活动打好了基础。

3. 说活动方法

《纲要》指出：教师应成为幼儿学习活动的支持者、合作者、引导者。在教学活动中，为了让幼儿真正成为活动的主人，在本次活动中我采用谈话法、游戏法、表演法，让幼儿在视、听、讲、做的练习中感受听说游戏的乐趣，并在玩游戏的过程中，潜移默化地实现发展倾听与表达能力的教育目标。

4. 说活动准备

中班幼儿正处在具体形象思维阶段，只有借助具体形象的事物并在做中学，才能帮助幼儿更好地开展本次听说游戏。本次活动前期准备了视频，使幼儿了解种莲子的劳动场景。提前学习、朗诵准备的游戏儿歌，有助于激发并维持全体幼儿参与听说游戏的兴趣，为顺利开展游戏奠定基础。我准备了多只莲蓬，活动开始时可以有效激发幼儿参与游戏的兴趣，活动结束时，再品尝莲子，将游戏的快乐进一步升级。丰富多样的活动准备，为发展幼儿口语表达中的描述能力打下了坚实的基础。

5. 说活动过程

《纲要》指出：发展幼儿语言的关键是创设一个能使他们想说、敢说、喜欢说并能得到积极应答的环境。而听说游戏就是一种很好地让幼儿学习倾听与表达的语言活动。接下来我将阐述本次活动过程的设计。

（1）谈话导入，创设情境。

活动的开始，教师和幼儿围坐成圆形，这样就自然地缩短了教师和幼儿之间的距离，幼儿会觉得教师跟自己很亲近，为游戏的进行打好了情感基础。

接着，教师出示莲蓬，并问："这是什么？这就是莲蓬。我们想要吃莲子，就先要在池塘里种上莲子，明年就能结出莲蓬。今天，请小朋友们扮演池塘里的泥，老师把这颗莲子种到池塘的泥里，我们一起玩一个'种莲子'的游戏。"这样，幼儿就自然而然地进入游戏情境，同时，这也是有效集中幼儿注意并激发幼儿参与游戏兴趣的方法。

（2）交代游戏规则和玩法。

① 扮演泥的幼儿一起朗诵儿歌，在朗诵儿歌时必须将眼睛闭起来，不能偷看，等儿歌朗诵完后才能睁开眼睛。

② 种莲子的人在儿歌结束前要将莲子放在一个幼儿的手里，然后用清楚、连贯的语言描述这个幼儿的外貌、衣着特征，请大家来猜。

③ 被猜出的幼儿必须重复说出自己的外貌、衣着特征。

（3）教师引导幼儿游戏。

教师通过浅显简洁的讲解和清晰准确的示范介绍游戏的规则和玩法以后，幼儿围坐成圆形，眼睛闭上，手背在身后，手掌向上，这样就可以接住教师递过来的莲子。大家开始朗诵游戏儿歌《种莲子》：种莲子，种莲子，不知莲子种哪家，东一家，西一家，到了明年就开花。教师边朗诵儿歌边从每个幼儿身后走过，并且把莲子悄悄放入一个幼儿手中。最后走到幼儿们中央，描述这个幼儿的特征，如"我把莲子种在一个短头发的女孩手里，她穿着黄衣服、蓝裙子和黑皮鞋"，请幼儿都来猜。猜对了，拿到莲子的那个幼儿就要站起来说"我是短头发的女孩子，我穿的是黄衣服、蓝裙子和黑皮鞋。"然后游戏继续。

在大家一起朗诵《种莲子》儿歌的时候，教师要鼓励幼儿要清楚连贯、声音洪亮地说，提醒幼儿种莲子和拿到莲子以后都要注意保密，为幼儿自主游戏做好铺垫。这一步非常重要。为了保证幼儿下一步能按游戏规则开展游戏，教师可以组织幼儿多玩几遍游戏，直到幼儿完全掌握游戏规则和玩法。

（4）幼儿自主游戏。

在幼儿对游戏规则和玩法熟悉后，教师就可以请第一个猜对的幼儿来种莲子，这样会提高幼儿倾听别人发言并根据言语描述迅速做出正确判断的能力。

幼儿的自主游戏过程，也是练习按一定规则进行语言表达的过程，教师要尊重幼儿、信任幼儿，放手让幼儿愉快地玩，鼓励他们想出种莲子的新玩法。但是，如果幼儿猜不出来，教师可以鼓励种莲子的幼儿再重新描述一遍，使游戏顺利开展。

在游戏的最后可以进行一个分享活动：幼儿在愉快的气氛里，放松心情，品尝莲子。围绕种莲子、说莲子、猜莲子到品尝莲子，幼儿始终沉浸在玩游戏的过程中，活动目标也在不知不觉中得以实现。

6. 说活动延伸

好的教育活动是一个长期、持续的过程，要特别重视对幼儿能力、习惯的培养，活动延伸不可缺少。在活动结束后，请幼儿将今天学过的游戏延伸到我们的表演角，和其他幼儿继续开展今天学的游戏或者回到家里面和爸爸妈妈分享今天学习的内容。

以上就是我说课的全部内容，谢谢各位老师！

04

学习情境四

文学活动

学习情境描述

选择与幼儿心理发展水平及接受能力和阅读能力相适应的各类文学作品（儿童故事、儿童诗歌和散文等），帮助幼儿理解、体验作品中生动有趣的主题，学习丰富、形象的文学语言，感受艺术性结构语言的美，明辨作品中人物的真善美、假恶丑，并通过开展与作品主题相一致的迁移经验活动和创造性语言运用活动，引导幼儿走出作品，与现实生活相结合，为幼儿提供全面的语言学习机会，帮助幼儿发展完整语言。

学习目标

- 熟知文学活动的特点和目标。
- 掌握文学活动设计与组织的基本结构。
- 设计并制作文学活动所需要的教具。
- 根据活动设计方案并实施活动。

学习任务

任务一 幼儿故事活动

一、任务描述

雏鹰幼儿园本周的主题活动是"动物世界"，果果班的小朋友们已经对常见动物的种类、习性、特征有了初步认识，为了巩固对常见动物的学习经验，培养幼儿的想象和创造精神，秦秦老师决定本周故事活动以小朋友们喜欢的小动物为主题。请帮助秦秦老师完成本次幼儿故事活动的设计并实施。

二、学习目标

（1）掌握幼儿故事活动的设计与组织的基本结构。
（2）根据幼儿故事活动的内容选择或制作教具。
（3）活动组织体现帮助幼儿把握故事情节和人物性格。
（4）养成活动迁移中家校共育的教育意识。

三、设计并实施幼儿故事活动

幼儿园开展故事活动对幼儿来说意义重大，因此幼儿故事活动设计是幼儿教师必须掌握的基本技能。该任务来源于幼儿园真实工作情境，从活动背景到活动延伸反思，按照幼儿园工作标准和故事活动设计实施要求，综合全面地考虑幼儿故事活动的策划、组织和实施。

1. 小组任务分配

完成小组任务分配表（见表4-1）。

表 4-1 小组任务分配表

班级		组别		指导教师	
组长					
组员	姓名	备注	姓名		备注
任务分工					

2. 获取信息/工作准备

引导问题 1：查阅资料，列出幼儿故事的类型。

_____

_____

_____

_____

引导问题 2：（多选题）下列选项中，属于幼儿故事特点的有（　　　）。

A. 主题明朗，有教育意义　　　　　　　　B. 线索单一，脉络清晰

C. 情节性强，富有趣味　　　　　　　　　D. 语言口语化，简洁明了

引导问题 3：请思考并写出幼儿故事活动设计的要点和应注意的问题。

_____

_____

_____

_____

引导问题4：在创编幼儿故事活动中，教师要把握哪些方面的指导要点？

_____

_____

_____

_____

3. 工作计划

引导问题5：请写出你们小组幼儿故事活动的设计思路（故事名称、参与角色、故事情节设计、创编引导等）。

_____

_____

_____

_____

_____

小提示

《指南》将幼儿的"倾听与表达"细化为三个目标。

目标1：认真听并能听懂常用语言。

目标2：愿意讲话并能清楚地表达。

目标3：具有文明的语言习惯。

小提示

幼儿故事活动过程设计的结构如下。

（1）创设情境，引出故事。

（2）有感情地讲述故事。

（3）引导幼儿理解故事。

（4）拓展延伸，组织活动。

引导问题6：列出本次活动需要使用的材料、教具，罗列在表4-2中。

表4-2　教具清单

使用材料	教具名称	教具负责人	数量	备注

使用材料	教具名称	教具负责人	数量	备注

引导问题 7：根据小组讨论结果，完成幼儿故事活动设计表（见表4-3）。

表4-3　幼儿故事活动设计表

班级		活动名称		重点领域	
主班教师		配班教师		活动时长	
设计意图					
活动目标					
活动准备					

活动过程	活动环节	活动内容	教学方法	备注
	布置场景 创设情境			
	教师讲故事			
	教师引导续编 （创编）故事			
	幼儿表演故事			

活动拓展	
活动反思	

本方案特点	采用理由

4. 做出决策

（1）各组代表阐述设计方案。

（2）各组对其他小组的设计方案提出不同的看法。

（3）教师结合大家的完成情况进行点评，小组根据教师和其他小组的点评对本小组的方案进行改进。

（4）改进完善后，分小组模拟实施。

引导问题8：师生讨论、完善并确定活动方案，将活动方案完整地写出来。

---

5. 工作实施

按照本小组完善后的方案实施本次活动。

引导问题9：结合本组活动实际情况，写出在教师讲故事和幼儿表演故事环节，要注意哪些安全因素。

⚙ 小提示

保教过程中存在的安全隐患及防范措施

一、玩具柜、桌椅尖角无防护

幼儿区域活动和集体教育活动过程中，幼儿操作区间活动较多，特别是自由活动时，幼儿间互相追逐打闹，极有可能碰撞到尖角处。一旦发生事故，会给幼儿造成伤害。

应对措施：一方面，采购物品时，对玩具柜、桌椅要有明确要求，不仅要写清楚规格型号，还要附照片说明，保证物品质量，禁止幼儿园使用劣质桌椅、玩具柜；另一方面，实行安全教育目标常规化，每天都要对幼儿进行安全教育活动，增强幼儿的自我保护意识，让幼儿学会自我保护方法，最终实现管理规避和幼儿主动规避相结合，减少安全事故的发生。

二、通道处的安全隐患

幼儿园的通道是发生意外事故较多的地方。比如：幼儿园楼道、厕所通道、活动室门口通道、大门通道等处。阴雨天、幼儿如厕高峰期、幼儿上下楼梯高峰期等时段，由于人员密集，容易发生意外事故。

应对措施：恶劣天气，提前开大门，采取家长流动式接送幼儿；在厕所通道口和楼梯口放置地毯，既警示家长和幼儿防滑倒，又能使楼道保持干净整洁；在幼儿如厕高峰期和上下楼高峰期，安排专人进行值岗，负责厕所和楼梯秩序，确保各通道畅通、有序。

三、活动室顶面墙皮脱落

建筑物容易出现墙皮脱落现象，一旦脱落，会给幼儿造成伤害。

应对措施：安排专人定期用竹竿对活动室顶面墙皮进行检查，防患于未然，杜绝事故的发生。

四、室内外活动安全隐患

室内外活动中，由于空间限制、幼儿集中活动等因素，意外事故时有发生。

应对措施：建立硬件设施检查和维修制度，确保设施的安全；教师组织活动时要合理组织与管理，并适时提醒，确保幼儿安全。

引导问题 10：在教师讲故事和幼儿表演故事环节，教师扮演什么角色，教师需要怎么做？

_____

_____

_____

_____

—— ⚙ 小提示 ——

教师是幼儿活动的支持者、领导者和组织者。

引导问题 11：记录幼儿故事活动实施过程中存在的问题并提出解决措施。

_____

_____

_____

_____

6. 评价反馈

工作任务完成情况采取多元化评价，本次任务由学生自评学习过程（见表4-4）、小组互评工作过程（见表4-5）和教师总体评价（见表4-6）构成。

表 4-4　学生自评表

姓名		班级		小组	
时间			地点		
评价项目	评价标准		分值		得分
知识能力	1. 能准确辨别幼儿故事的类型		5		
	2. 能根据不同的年龄阶段设计幼儿故事活动		5		
	3. 能正确定位幼儿故事活动在幼儿园文学活动中的重要性		5		
	4. 能把本次活动的学习方法迁移到其他类似的内容里去		5		
	5. 能运用自己的知识解决实施中遇到的问题		5		
	6. 能认真评价其他人的作品		5		
参与态度	1. 认真参与幼儿故事活动		5		
	2. 努力完成自己承担的任务		5		
	3. 做好资料积累和收集的整合		5		
	4. 勇于提出自己的设想		5		
	5. 乐于合作，会交流，尊重组内成员以及其他人		5		
实践发展	1. 有求知的好奇心、探索欲望		5		
	2. 独立思考、互相学习，主动发现问题、提出问题、解决问题		5		
	3. 积极实践，发挥特长		5		
	4. 能用多种途径获取信息		5		
收获成长	1. 善于发现		5		
	2. 乐于倾听		5		
	3. 勤于思考		5		
	4. 团结合作		5		
	5. 习惯养成		5		
总分			100		

我想说的话

表 4-5　小组互评表

班级		被评组名		
评价项目	评价标准		分值	得分
活动内容	1. 幼儿故事内容具有知识性、趣味性、实践性 2. 选择的幼儿故事内容适合幼儿年龄段 3. 幼儿故事富有趣味、表演性和教育意义，能帮助幼儿培养良好的语言感知与表达能力		20	
玩教具	1. 满足不同幼儿故事的需要 2. 教具环保、安全 3. 可操作性强、实用		20	
活动目标	1. 幼儿故事目标明确，符合《指南》不同年龄段幼儿故事目标及指导要点的要求 2. 了解幼儿故事在文学活动中的重要性，为幼儿教师更好地开展教学活动提供帮助		20	
实施过程	1. 幼儿故事活动过程中，各个环节时间安排科学合理 2. 引导要具有正能量，应清晰明了地代入活动主题 3. 及时根据不同幼儿故事的语感，帮助幼儿维持注意力，体会不同幼儿故事的内容和意义		20	
活动效果	1. 培养了幼儿良好的倾听能力和表演能力 2. 提高了幼儿的语言表达能力，同时也积累了词汇 3. 促进了幼儿艺术化语言的发展		20	
合计			100	

表 4-6　教师总体评价表

学习情境四	幼儿文学		工作任务一	幼儿故事活动
评价项目	评价标准		分值	得分
考勤	无迟到、早退、旷课		20	
引导问题	填写完整、工整、正确		20	
活动设计与实施环节	选择的幼儿故事符合幼儿年龄特点		20	
	内容有利于幼儿的发展		20	
	教具设计合理		20	
合计			100	

四、拓展思考

（1）收集不同类型的幼儿故事 3～5 个。

（2）创编生活故事、图画故事各 1 个，并选其中 1 个进行活动设计。

（3）有感情地讲出 1 个历史故事。

五、与幼儿故事活动相关的知识点

知识点 1

幼儿故事活动设计的要点和应注意的问题

　　故事创编是在理解故事、积累相关知识经验的基础上，尝试运用语言编出符合结构规则的故事的一种活动。故事创编是一种创造性的语言活动，有利于训练幼儿创新思维能力，扩展幼儿的想象空间。

　　幼儿进行故事创编活动需要具备两个必要条件：一是经验和语言准备；二是创编动机。教师可根据幼儿感兴趣的事确立题目或主题，引导幼儿进行创编，并及时把握幼儿的构思和灵感，因势利导，进行故事创编活动。在故事创编活动中，教师要注意创设宽松愉悦的氛围，启发幼儿大胆想象，鼓励幼儿积极讲述。

　　由于幼儿创编故事需要具有一定的生活经验，并且有较强的语言表达能力。因此，不同年龄段的故事创编有不同的要求。小班可创编故事结局，中班可创编高潮或结局部分，大班可进行完整故事的创编。在创编故事活动中，教师要把握以下几方面指导要点。

知识点 2

在创编故事活动中，教师要把握哪些方面的指导要点

　　（1）教师应帮助幼儿理解故事作品的构成要素，包括故事的时间、地点、人物、情节等。

　　（2）丰富幼儿的知识与经验。教师要鼓励幼儿多观察周围的事物，了解一些粗浅的自然科学现象，如人与自然的关系、动植物与自然的关系。通过这些直接经验和间接经验的积累，为幼儿创编故事提供内容上的准备。

　　（3）丰富幼儿的词汇，提高其语言表达能力。教师应创设一些情境让幼儿运用词汇说一句或一段话。另外，引导幼儿学习故事、童话中优美的词汇、句式，并感受、理解故事作品的语言表达方式。采用替代的方式，增强幼儿对句式的理解和认知。

　　（4）在创编活动中应该注重故事的教育性和启发性。

知识点 3

幼儿故事活动过程设计的结构

　　（1）创设情境，引出故事。

　　教师在讲故事之前，为了激发幼儿欣赏故事的兴趣，需要运用一定的方式，创设一定的情境导入活动。教师常见的导入方式有：直观的教具（挂图、木偶、头饰、玩具、拼图卡片、生活中的实物等）引入、音乐或幻灯片引入、表演引入、游戏引入、提问引入、猜谜语引入等。

　　（2）有感情地讲述故事。

　　通过讲故事帮助幼儿理解、学习故事。讲故事是一门艺术，教师在讲的时候要表现出对故事的极大兴趣，灵活运用讲故事的技巧，用生动准确的普通话，并借助必要的教学手段，充满感情、生动流畅地讲，同时注意讲述的方式，以让幼儿真正沉浸在有趣的故事情节中，喜欢上这个故事。

（3）引导幼儿理解故事。

教师可以通过教具、故事表演的方式帮助幼儿理解故事的主题、情节和人物形象等；教师还可以通过三层次提问方式，层层深入地引导幼儿理解故事。

三层次提问是指描述性提问、思考性提问、假设性提问。

（4）拓展延伸，组织活动。

为了引导幼儿深入理解、掌握故事，教师可以进行故事的拓展延伸，并围绕故事相关主题合理组织一些活动，例如：故事表演、复述故事、创编故事、续编故事、画故事等多种活动。

因而，我们在设计与组织幼儿故事活动时，须以此作为基本结构，再根据选取的幼儿故事内容具体问题具体分析，既不偏离基本方向又能有自己的独特创新。

💬 知识点4

故事范例

（1）生活故事。

乐乐是个快乐的孩子，可是，这几天呀，他却不快乐。为什么呢？原来乐乐喜欢吹泡泡，可妈妈却总是不让，因为乐乐总是弄湿衣服。

有一天，妈妈出去买菜了，乐乐就按想好的计划自制泡泡。他找出洗衣粉，挖了一大勺，放进一个大杯子里，再倒满水，拿着吸管搅拌起来。这时候，妈妈回来了。乐乐赶紧藏起了杯子。妈妈看看乐乐，又看看洗衣粉，很高兴，笑着说："好孩子，你要洗什么？"乐乐眼睛一眨，急忙说："我，我要洗小手绢。"妈妈摸着乐乐的头，皱着眉头说："小手绢，昨天不是刚洗过吗？"乐乐低下头，小声地说："对不起，我在做泡泡。"妈妈看着乐乐手中的杯子，又看看乐乐红红的脸，轻轻地说："说谎不好，以后，不要再说谎了，要做个诚实的孩子。这泡泡嘛，还是可以做的，不过……"乐乐抬起头，大声地说："好妈妈，别担心，我可以穿上做饭的围裙！"妈妈微笑着，亲了亲乐乐的红脸蛋。然后，就和乐乐一起做起泡泡。

就这样，乐乐的快乐又回来了。

（2）动物故事。

从前，一个山洞里住着一只老虎和一只狐狸。它们无恶不作，整天偷农夫的家禽。这天，它们趁着农夫出门了，就偷偷去农夫的家。这次它们偷了一只羊，美美地吃了一顿，可老虎太贪心了，它说，要再去偷一只回来。

农夫回来发现羊圈里少了一只羊，知道肯定是被老虎和狐狸吃掉了，他正在想怎么对付可恶的老虎和狐狸，就看见老虎鬼鬼祟祟地来了。农夫拿了根棍子，站在羊圈的门后面，等老虎一进门，就使劲打它，老虎落荒而逃，没被农夫打死。

可是老虎不死心，第二天，它又准备去偷羊。这次农夫在羊圈门口挖了个洞，老虎一进门就掉进去了，农夫把准备好的土全部倒进洞里，老虎被闷死在里面了。

心得：不能贪得无厌，不然就会自食恶果。

（3）民间故事。

大海那边住着一个勤劳的少年，他没有父母，更没有远亲，每天以打渔为生。

有一天，少年在海滩上发现了一条奄奄一息的小金鱼，就把它捡起来放回了大海，救活了小金鱼。过了一天，少年下海撒网，从海里捞上来一个金色的海螺，他就把它带回家放在清水缸里。然后，少年又下海去捕鱼。当晚，少年收网归家，他发现家里摆了一桌子好饭好菜，一连三天，都是这样。

这一天，少年提前收网回家，他爬上屋后的老榆树，从屋顶的天棚往屋里瞧。这时，少年清清楚楚地看到，一个美丽的姑娘正在替他打扫屋子，做菜做饭。原来这姑娘是他救活的小金鱼变的，她原来是大海里的仙女，为了报答少年的好心，就变成海螺姑娘帮助他料理家务。

3年以后，海神娘娘要海螺姑娘回到大海里去，并威胁说，不这样办，人间就要被海水淹没。少年为了留住海螺姑娘，便藏起了金色的海螺，他冲破海上的狂涛恶浪，到达珊瑚岛见到了海神娘娘，求她不要把海螺姑娘夺走，他要跟海螺姑娘永远生活在一起。海神娘娘没有答应少年的请求，她先是用金银财宝引诱少年，然后又用魔法把海螺姑娘变得丑陋不堪，后来海神娘娘在海上掀起了狂风恶浪袭击少年。这一切手段都动摇不了少年对海螺姑娘的纯洁爱情，少年终于以他无比的勇敢和忠贞，战胜了海神娘娘的魔法，并且感动了她。从此，少年和海螺姑娘一起过着幸福美满的生活。

（4）绘本故事。

绘本故事《肚子里有个火车站》（节选），具体如图4-1～图4-3所示。

图4-1 肚子里有个火车站（节选一）

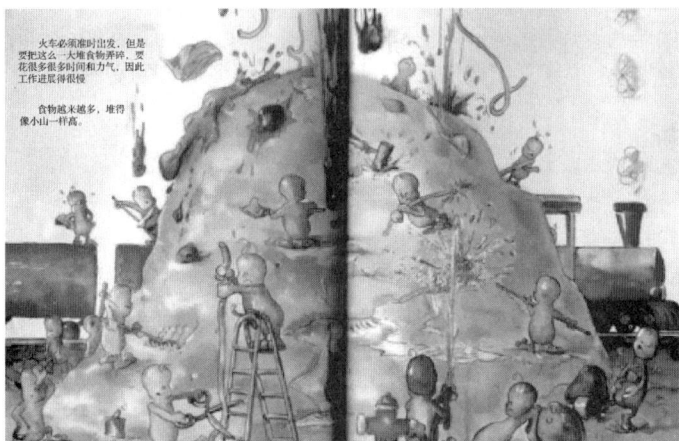

图4-2 肚子里有个火车站（节选二）

图4-3　肚子里有个火车站（节选三）

　　这个绘本说的是一个叫莱莉娅的小姑娘，肚子里住着一群小精灵，小精灵的工作是负责把小姑娘吃进来的食物弄成泥，搬运到火车上。火车载着食物经过小肠、大肠，最后到达肛门，送出身体。有一天，小姑娘肚子饿了，胡吃海塞，搞到肚子里的火车站乱作一团，小精灵经历了可怕的一天。

　　这个故事告诉了孩子们吃饭要按时，要细嚼慢咽，不要吃冰冷冷的食物，同时也科普了食物进到身体后，如何被我们的身体吸收和排出。这个生动、可爱的拟人故事，让孩子易于接受和理解，也非常符合3~5岁这个年龄阶段的孩子对于事物的接受模式。

　　这本独具特色的绘本带领我们参观肚子火车站，以一种有趣的方式让我们了解自己的消化系统，还告诉我们平时要养成健康的饮食习惯。

任务二　幼儿诗歌、散文

一、任务描述

　　雏鹰幼儿园果果班本期是在幼儿园的最后一学期了。每当毕业时，幼儿园都要带幼儿学习《毕业诗》，感受与小伙伴、老师在一起的快乐和离别之情。为了让幼儿在毕业典礼上更好地演绎《毕业诗》，卷卷老师计划进行一系列诗歌散文活动，让幼儿储备更多的文学经验。

二、学习目标

（1）准确辨别诗歌、散文的类型。
（2）根据相同句式结构，自主创编诗歌、散文。
（3）准确解读诗歌、散文内容，并根据诗歌、散文内容制作相关的玩教具。
（4）根据幼儿不同年龄阶段设计并组织实施幼儿诗歌、散文教学活动。

三、设计并实施幼儿诗歌、散文活动

　　诗歌、散文活动是以幼儿为主体接受对象，也是幼儿接触较多又非常喜爱的一种文学形式。在诗歌、散文活动的设计与实施中，教师能否采用适宜的教学方法和策略，高效、优质地将诗歌散文

所蕴含的内在信息传递给幼儿，将直接影响幼儿对诗歌、散文的理解，因此，如何设计并实施诗歌、散文活动非常重要。

1. 小组任务分配

小组任务分配表如表4-7所示。

表4-7 小组任务分配表

班级		组别		指导教师	
组长					
组员	姓名	备注	姓名	备注
任务分工					

2. 获取信息/工作准备

引导问题 1： 查阅资料，默写出诗歌、散文的概念。

_____

_____

_____

_____

引导问题 2： 幼儿诗歌、散文的教学活动包括_____、_____、_____、_____、_____形式。

———— ⚙ 小提示 ————

你知道什么是幼儿诗歌、散文活动吗

　　幼儿诗歌、散文活动通常是指以教学班级为单位，以幼儿为主体接受对象，适合幼儿欣赏、吟诵、阅读的课堂活动。其主要有以下5种教学形式。图4-4所示为绕口令，图4-5所示为谜语教学。

（1）绕口令。

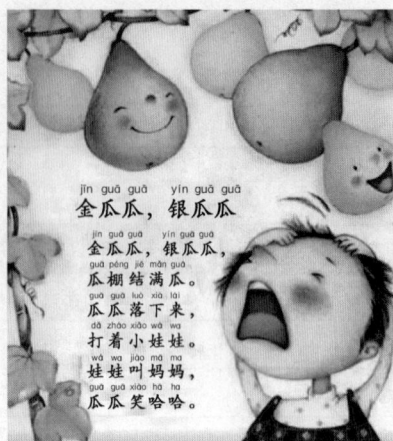

图4-4 绕口令

（2）谜语教学。

图4-5 谜语教学

（3）诗歌散文欣赏。

（4）创编。

（5）仿编诗文作品。

引导问题3：幼儿诗歌、散文活动的作用有哪些？请分别进行说明。

_____

_____

_____

_____

_____

　　朗诵诗歌和散文，能让幼儿感情更加细腻，增加儿童的童趣和提升想象力，幼儿会潜移默化得到熏陶。幼儿诗歌可以激发幼儿的思维能力，也可以鼓励幼儿提升学习的能力。在早期用一些简短的诗歌教育幼儿，能使幼儿树立正确的思想并锻炼记忆。幼儿散文是指适于幼儿阅读的，用凝练、生动、优美的文学语言写成的叙事、记人、状物或写景的作品，可以培育幼儿的想象力，提高语言表达能力，有益于幼儿从学习口语到书面语的过渡，对促进幼儿综合语言能力与思想的发展有着不可替代的作用。

引导问题4：（多选题）下列选项中，属于幼儿诗歌、散文作品的选材要点的有（　　）。

A. 题材广泛，有意义　　　　　　　　B. 构思巧妙，富有想象力，充满童趣

C. 符合学前儿童已有经验水平　　　　D. 有助于提升语言表达能力

引导问题5：幼儿诗歌、散文的特征有哪些？

_____

_____

_____

_____

引导问题6：幼儿诗歌的类型有哪些？

幼儿诗歌的类型有_____、_____、_____、_____、_____、_____七种。

小提示

诗歌欣赏

（1）现代儿童诗《太阳的孩子》（见图4-6），作者：钟代华。

太阳的孩子

葵花开了
跟阳光的颜色
一模一样
昂着头
向着太阳
不停地张望

一朵朵向日葵
难道都是
太阳的孩子
天空
才是她们
向往的故乡

图4-6　现代儿童诗《太阳的孩子》

（2）现代儿童诗《小小的船》（见图4-7），作者：叶圣陶。

图4-7　现代儿童诗《小小的船》

（3）现代儿童散文诗歌《寂寞的果子》（见图4-8），作者：钟代华。

寂寞的果子

红透了
依然静静地
爬在枝头上
是高不可摘
还是无人欣赏
是在风中轻轻摇头
还是红得甜得
有点忧伤

有一天
终于掉落在地上
会不会成为新的种子
去拥抱雨雪冰霜
悄悄地
让春天的一个角落
亮出新的模样
鸟儿们
也惊喜地
绕着新芽飞翔

寂寞的果子哟
谁能听懂它的歌唱

图4-8　现代儿童散文诗歌《寂寞的果子》

（4）古诗《春晓》（见图4-9），作者：孟浩然。

图4-9　古诗《春晓》

引导问题7：判断下面的诗歌属于什么类型。

《呼啦圈》（见图4-10）属于＿＿＿＿＿＿。

图4-10　《呼啦圈》

《小伙伴》（见图4-11）属于＿＿＿＿＿＿。

小伙伴

云娃娃　真小气　　　你踢毽
玩了以后各走各　　　花开花落一朵朵
鸟娃娃　太调皮　　　我跳绳
飞过一山又一坡　　　风和阳光脚下过

小朋友　你和我　　　猫猫狗狗也唱歌
天天起舞多快活　　　我们的歌儿呀美得多
你拍手　我摇头　　　星儿月儿也羡慕
红红的脸蛋像苹果　　人间的小伙伴不寂寞

图 4-11《小伙伴》

《大蜜蜂》（见图 4-12）属于_____。

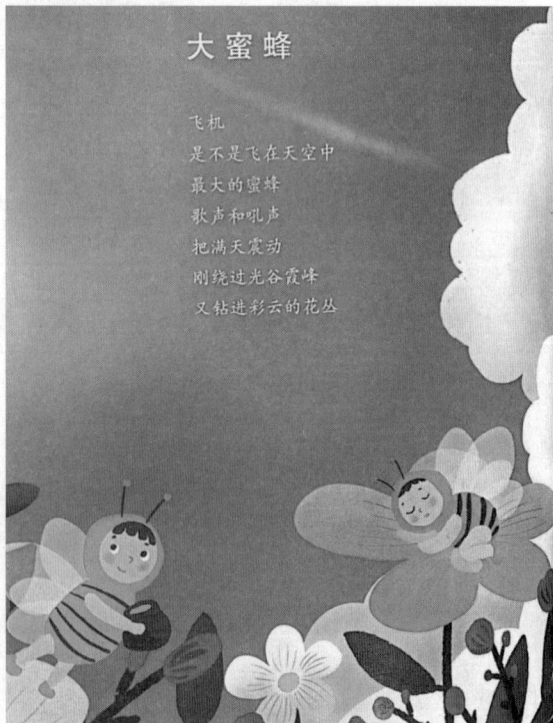

图 4-12《大蜜蜂》

引导问题 8：写出幼儿诗歌、散文的组织方法与指导要点。

引导问题 9：在仿编诗歌、散文活动中，教师应采取的具体步骤有哪些？

🔍 **小提示**

　　幼儿诗歌、散文欣赏活动一般适用中大班，一定要根据幼儿年龄特点选择诗歌、散文和设计提问。

3．工作计划

引导问题 10：请展示本次活动选择的幼儿诗歌或散文的具体内容。

引导问题 11：写出本次活动的设计意图。

引导问题 12： 小班和中班的选材要求分别是什么？

---

4. 做出决策

引导问题 13：

（1）各组代表阐述设计方案。

（2）小组间相互点评。

（3）教师结合大家的完成情况进行点评，选出最佳方案。

引导问题 14： 各小组根据最佳方案形成活动设计，完成表 4-8。

表 4-8　活动设计表

班级		活动名称		重点领域	
主班教师		配班教师		活动时长	
设计意图					
活动目标					

续表

活动准备				
	活动环节	活动内容	教学方法	备注
活动过程	导入诗歌散文 初步感知作品			
	走进诗歌散文 理解体验作品			
	开展游戏 迁移作品经验			
	续编仿编诗歌散文 创造性表现作品			
活动反思				

本方案特点	采用理由

5. 工作实施

引导问题 15：按照本小组完善后的方案实施活动。

引导问题 16： 在诗歌、散文仿编环节，要注意什么？

_____

_____

_____

_____

引导问题 17： 记录诗歌、散文活动实施过程中存在的问题并提出解决措施。

_____

_____

_____

_____

_____

6. 评价反馈

根据观察、记录的小组任务实施情况，对各小组做出评价，评价表如表 4-9～表 4-11 所示。

表 4-9　学生自评表

姓名		班级		小组	
时间			地点		
评价项目	评价标准			分值	得分
知识能力	1. 能根据不同年龄阶段幼儿的特点设计幼儿诗歌散文活动			10	
	2. 对诗歌散文活动的基础理论知识掌握全面			5	
	3. 能利用多种手段和途径搜集有关诗歌散文的学习资料			5	
参与态度	1. 认真参与幼儿诗歌散文活动			5	
	2. 努力完成自己承担的任务			10	
	3. 与老师、同学之间相互尊重、理解			5	
	4. 能处理好合作学习和独立思考的关系			10	
实施过程	1. 有求知的好奇心、探索欲望			5	
	2. 独立思考、互相学习，主动发现问题、提出问题、解决问题			10	
	3. 活动过程把控得当			5	
	4. 活动生动有趣，互动性强			5	

续表

评价项目	评价标准	分值	得分
收获成长	1. 善于发现	5	
	2. 乐于倾听	5	
	3. 勤于思考	5	
	4. 脚踏实地	5	
	5. 习惯养成	5	
	总分	100	

表 4-10　小组互评表

班级		被评组名	
评价项目	评价标准	分值	得分
团队协作	1. 配合度高，互帮互助 2. 能根据不同的情况积极解决问题	20	
玩教具	1. 满足不同幼儿的需要，可操作性强 2. 教具环保、安全 3. 与活动内容匹配	20	
活动目标	1. 幼儿诗歌散文目标明确、切实可行，符合不同年龄阶段幼儿发展特点 2. 了解幼儿诗歌散文在文学活动中的重要性，为幼儿教师更好地开展教学活动提供帮助	20	
实施过程	1. 幼儿诗歌散文活动过程中，各个环节时间安排科学合理 2. 引导具有正能量，清晰明了地代入活动主题 3. 及时根据不同幼儿诗歌散文的语感，帮助幼儿维持注意力，体会不同幼儿诗歌散文的内容和意义	20	
活动效果	1. 培养了幼儿良好的倾听能力和表演能力 2. 提高了幼儿的语言表达能力，同时也积累了词汇 3. 促进了幼儿艺术化语言的发展	20	
	合计	100	

表 4-11　教师总体评价表

学习情境四	文学活动	工作任务二	幼儿诗歌散文	
评价项目	评价标准		分值	得分
考勤	无迟到、早退、旷课		20	
引导问题	填写完整、工整、正确		20	
活动设计与实施环节	选择的幼儿诗歌散文符合幼儿年龄特点		20	
	内容有利于幼儿的发展		20	
	教具设计合理		20	
	合计		100	

四、拓展思考

（1）独自创编科学诗和抒情诗各 1 首。

（2）请列出符合中班的诗歌散文 2～3 篇，类型不限。

五、与幼儿诗歌、散文相关的知识点

✉ 知识点 1

幼儿诗歌、散文的含义

　　幼儿诗歌是以幼儿为主体接受对象，适合幼儿欣赏、吟诵、阅读的诗歌。幼儿诗歌应该符合幼儿的心理和审美特点，既包括成年人为幼儿创作的诗，也包括幼儿为抒怀而创作的诗。幼儿诗是诗的一个分支，由于受到特定读者对象心理特征的制约，因此所反映的生活内容、所进行的艺术构思、所展开的联想和想象、所运用的文学语言等，都必须符合幼儿的年龄特征，必须是幼儿喜闻乐见的。这样才能在培养幼儿良好的道德品质、思想情操，激发丰富他们的想象力、思维能力等方面，尤其在培养幼儿健康的审美意识和艺术鉴赏力上，发挥独特的作用。

　　凡不押韵、不注重排偶的非诗、词、曲、赋之散形文章，统称为散文。近代的散文概念是指与小说、诗歌、戏剧并列的一种文体，即狭义的散文。我们所说的儿童散文，被包含在狭义的散文内，专指为儿童所创作，或虽不专为儿童所创作但能为儿童阅读欣赏的散文。

✉ 知识点 2

幼儿诗歌、散文活动的作用和一般开展形式

　　作用：（1）帮助幼儿开阔眼界，增长知识；

　　　　　（2）培养幼儿的审美能力，同时使他们的情感受到美的熏陶，提高他们的思想境界；

　　　　　（3）训练幼儿的观察能力、语言表达能力。

　　一般开展形式：扩编、续编、仿编和创编。

✉ 知识点 3

幼儿诗歌、散文作品的选材要点

　　（1）一般要点。

　　① 题材广泛，有意义。

　　A. 有趣的叙事诗：《小弟和小猫》。

　　B. 抒情散文诗：《春雨的色彩》。

　　C. 浅易古诗：《咏鹅》。

　　② 构思巧妙，富有想象力，充满童趣。

　　A. 朗朗上口。

　　B. 想象奇妙，从儿童视角看世界：《梳子》《小老鼠》。

③ 符合学前儿童已有经验水平。

A. 主题。

B. 情节。

C. 内容：《排排坐》《分苹果》。

（2）各年龄段选材要点。

① 小班选材应以儿歌为主，篇幅小、主题集中、含一个画面、语言生动活泼、构思巧妙，如图 4-13 所示。

《小白兔》

小白兔，白又白，

两只耳朵竖起来，

爱吃萝卜爱吃菜，

蹦蹦跳跳真可爱。

xiǎo bái tù

小　白　兔

xiǎo bái tù　　bái yòu bái

小　白　兔，白　又　白，

liǎng zhī ěr duo shù qǐ lái

两　只　耳　朵　竖　起　来，

ài chī luó bo ài chī cài

爱　吃　萝 卜 爱　吃　菜，

bèng bèng tiào tiào zhēn kě ài

蹦　蹦　跳　跳　真　可　爱。

图 4-13 《小白兔》

② 中班选材应以儿歌、儿童诗为主，画面一个及以上，篇幅稍长、语言丰富、结构重复，如图 4-14 所示。

《耳朵》

谁的耳朵长？

谁的耳朵短？

谁的耳朵遮着脸？

驴的耳朵长，

马的耳朵短，

象的耳朵遮着脸。

谁的耳朵尖？

谁的耳朵圆？

谁的耳朵听得远？

猪的耳朵尖，

猴的耳朵圆，

狗的耳朵听得远。

耳朵

唐鲁峰/文
赵 静/绘

谁的耳朵长？
谁的耳朵短？
谁的耳朵遮着脸？
驴的耳朵长，
马的耳朵短，
象的耳朵遮着脸。

谁的耳朵尖？
谁的耳朵圆？
谁的耳朵听得远？
猪的耳朵尖，
猴的耳朵圆，
狗的耳朵听得远。

图4-14 《耳朵》

③ 大班选材题材广泛，篇幅较长、画面丰富、表现形式多样，如图4-15所示。

《轻一点，再轻一点》

脚步，轻一点，
再轻一点。
下夜班的伯伯，
正在屋里睡眠。

开门，轻一点，
再轻一点。
隔壁的大姐姐，
正把功课钻研。

说话，轻一点，
再轻一点。
奶奶和客人，正在亲切地交谈。

听广播，轻一点，再轻一点。
我们做任何事情，都要把别人挂心间。
轻一点，再轻一点，
再轻一点……

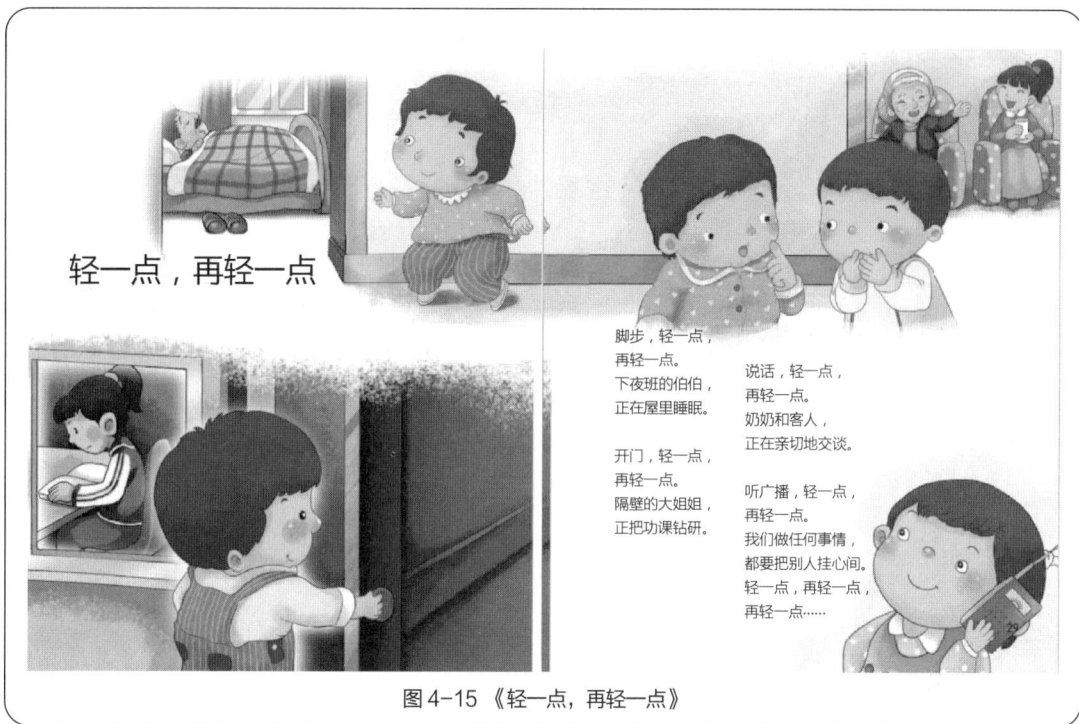

脚步，轻一点，
再轻一点。
下夜班的伯伯，
正在屋里睡眠。

开门，轻一点，
再轻一点。
隔壁的大姐姐，
正把功课钻研。

说话，轻一点，
再轻一点。
奶奶和客人，
正在亲切地交谈。

听广播，轻一点，
再轻一点。
我们做任何事情，
都要把别人挂心间。
轻一点，再轻一点，
再轻一点……

图4-15 《轻一点，再轻一点》

知识点4

幼儿诗歌、幼儿散文的特征

幼儿诗歌特征如下。

（1）内容浅显，主题单一。

（2）声韵活泼，节奏鲜明。

（3）篇幅短小，结构简单。

（4）形象具体，生动有趣。

幼儿诗歌是一种精致、优美的艺术化的语言，常见的修辞手法有拟人、比喻、夸张、反复、设问等。这些修辞手法使幼儿诗歌的语言创造的意境与形象更加贴近幼儿的世界，如钟代华的《春雨》，如图4-16所示。

《春雨》

春雨小姑娘

想找雪娃娃

雪娃娃

哪去了

跟着小溪下山啦

急得她呀泪嗒嗒

醒来的鲜花在笑她

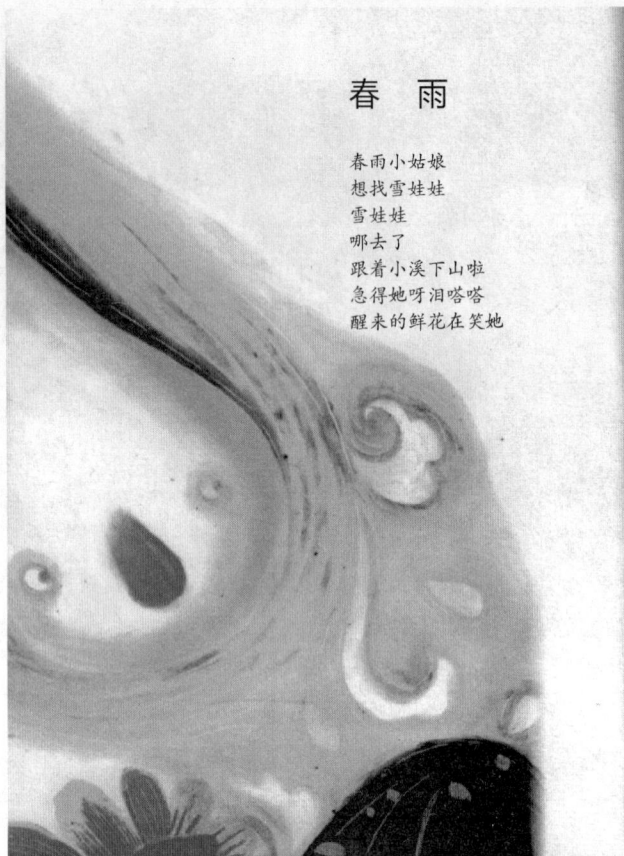

春 雨

春雨小姑娘
想找雪娃娃
雪娃娃
哪去了
跟着小溪下山啦
急得她呀泪嗒嗒
醒来的鲜花在笑她

图4-16 《春雨》

　　幼儿诗歌语言的形象是指它的每一个字、词、句，都尽可能运用生动的、具体的方法，把人物和事物的声音、色彩、形状、动作、神态、心理等鲜明、具体地凸显出来。幼儿诗歌语言的情感性表现为其语言渗透着幼儿对外界事物的美好向往，表现出了幼儿特有的童趣和童真。

　　幼儿散文的特征主要包括以下几点。

　　（1）内容上充满了童心童趣。

　　（2）叙事方式具有故事性的特点。

　　（3）语言简明、生动、优美，在语法上有示范作用。

💬 知识点5

诗歌、散文活动的组织方法与指导要点

　　（1）积累相关的知识、生活经验。

　　（2）与各种活动相结合，重在通过多种方式帮助儿童理解诗文。

　　（3）把握不同年龄幼儿的活动特点，有针对性地进行仿编活动。

　　（4）留给儿童艺术性建构语言的尝试空间。

知识点 6

在仿编幼儿诗歌、散文活动中，教师应采取的具体步骤

（1）做好仿编活动前的准备工作。幼儿要熟悉和理解所仿照的作品，认识仿编作品的内容和形式，还要有一定的知识经验，具有一定的想象力和语言表达能力。

（2）组织幼儿进行讨论和示范。教师要引导幼儿讨论仿编中比较关键的问题。在引导幼儿讨论完后，教师可以进行仿编示范。

（3）启发幼儿想象仿编。幼儿想象仿编需要借助一些形象直观的教具，如图片、幻灯片或者实物等。当幼儿熟悉了仿编的格式后，教师应鼓励幼儿脱离图片自由联想仿编。

（4）教师对幼儿仿编的内容进行串联和总结。教师在幼儿仿编时，应认真记下幼儿仿编的内容，以便在仿编结束时进行串联和总结。

幼儿文学作品具有较强的目的性和引导性，故事看似简单实则包含着丰富的智慧和情感。幼儿文学作品通过生动的语言和充满趣味性的内容，传授幼儿做人做事的道理，引导幼儿探索未知奥秘，给幼儿带来了无尽的乐趣。

05

学习情境五
早期阅读活动

学习情境描述

幼儿 3～6 岁的时候，已经掌握了日常语言交际词汇量的 90%，对书面语言产生了主动需求。根据幼儿年龄特点，利用图书、绘画等方式，引发幼儿对书籍、阅读和书写、生活中常见的简单标记和文字符号的兴趣，养成愿意用符号或者图画表达需求和想法的习惯。培养 3～6 岁幼儿获得有关符号和文字在功能、形式和规则上的意识，以及在有教育目的、有教育意义的情景中初步习得有关符号与文字的经验，培养前阅读、前识字、前书写技能，为幼儿进入小学阶段奠定基础。

学习目标

- 理解幼儿早期阅读活动的含义。
- 理解幼儿早期阅读活动的目标和内容。
- 在幼儿早期阅读活动中运用整合的组织活动方式。
- 掌握幼儿早期阅读活动的设计与组织方法，并能设计和实施完整的早期阅读活动。

学习任务

任务一　前阅读

一、任务描述

近期，李老师发现葡萄班的小朋友在自主选择区域活动时，都特别喜欢去图书角画画、翻阅图书等，对接触到的文字和其他有关书面语言的信息产生了浓厚的兴趣。为培养幼儿早期阅读的习惯，对前阅读产生浓厚的兴趣，李老师将针对早期阅读中前阅读经验获取的相关内容，开展一次师幼共读的阅读活动。

二、学习目标

（1）引导幼儿在阅读的过程中养成良好的行为习惯。
（2）引导幼儿理解图画书的基本内容。
（3）根据幼儿不同年龄特点帮助其掌握早期阅读前阅读的方法。
（4）制作早期阅读前阅读教学活动所需的玩教具。
（5）根据幼儿不同年龄特点设计并组织实施早期阅读前阅读教学活动。

三、设计并实施前阅读活动

前阅读活动主要是让幼儿掌握翻阅图书的经验，读懂图书内容的经验，知道图书画面、文字与口语具有的对应关系及图书制作的经验。教师在组织前阅读活动时，需要按照幼儿园工作标准和早期阅读内容的具体要求实施，扎扎实实做好每一个环节的工作，落实到每一个步骤，综合全面地考虑前阅读活动的策划、组织和实施的方向与过程。

1. 小组任务分配

进行小组任务分配时，要充分考虑学生个体差异和能力，使其优质、高效地完成工作任务。小组任务分配表如表 5-1 所示。

表5-1 小组任务分配表

班级		组别		指导教师	
组长					
组员	姓名	备注		姓名	备注
任务分工					

2. 获取信息/工作准备

引导问题 1: 阅读小组任务分配表,结合任务描述分析其信息。

_____

_____

_____

_____

_____

引导问题 2: 依据"前阅读"的概念,判断下列观点对错。请在正确的观点后打"√",错误的观点后打"×"。

(1)前阅读单理解为"看图书""讲故事"。 （　）

(2)在亲子阅读中,家长只需要简单复述文字。 （　）

(3)在前阅读中,幼儿需要掌握大量的知识。 （　）

(4)前阅读中,幼儿对阅读产生的兴趣、获得的与阅读有关的经验和发展比学习到的知识更重要。 （　）

🔍 小提示

"前阅读"是什么

前阅读是指在幼儿园阶段,以图画读物为主,以看、听、说有机结合为主要手段,从兴趣入手,使幼儿萌发热爱图书的情感。幼儿在图画书阅读过程中学习和获得图画书阅读经验,提高阅读能力,对阅读产生兴趣。

引导问题3： 针对下列绘本讲述方式，你认为幼儿最喜欢哪种讲述方式？请说出相关理由。

绘本——《玩具火车轰隆隆》	
讲述方式①	**讲述方式②**
1. 引出绘本（封面观察） 2. 通讲绘本，讲述绘本故事 3. 讲述细节 4. 复述	1. 引出绘本（封面观察） 　2. 角色扮演绘本，带幼儿玩"开神奇小火车"的游戏。教师做开火车手势，边带领幼儿玩火车接龙的游戏，边念儿歌 　"玩具火车轰隆隆，加点苹果冒什么烟？"——教师提问 　"加点苹果冒红烟。"——幼儿回答。"玩具火车轰隆隆，加点香蕉冒什么烟？"——教师提问 　"加点香蕉冒黄烟！"——幼儿回答。教师边带领幼儿在教室中巡回开火车，边有节奏地玩问答游戏 　3. 讲述细节 　4. 复述

（1）你认为幼儿最感兴趣的是哪种讲述方式？

（2）请阐述理由。

_____

_____

_____

_____

_____

⚙ **小提示**

教育建议

　　前阅读被大家重视后，幼儿园的阅读区一个比一个温馨，书籍一个比一个丰富，但为什么每天到阅读区的人却寥寥无几呢？在阅读习惯养成的初期阶段，单纯推给幼儿一堆书，根本无法激发幼儿的阅读兴趣，等于没有阅读。

　　游戏式互动阅读，可以加深幼儿的认知体验。幼儿在游戏的过程中循序渐进地感知、理解阅读作品，才能产生浓厚的兴趣。上个绘本中的游戏贴近幼儿的实际生活，故事里事物之间奇妙的变化又深深吸引着幼儿。因此在阅读活动中，教师巧妙地设计与绘本相贴合的互动游戏，既可以不断引导幼儿感知、理解阅读作品，又能很好地激发幼儿的学习兴趣。

引导问题4： 下列关于幼儿前阅读能力中，关联式互动阅读的发展历程，排序正确的是（　　　）。

A. 认知提问，捕捉关键信息　→　对比提问，建构串联信息　→　猜想提问，预测验证信息

B. 对比提问，建构串联信息　→　认知提问，捕捉关键信息　→　猜想提问，预测验证信息

C. 猜想提问，预测验证信息　→　对比提问，建构串联信息　→　认知提问，捕捉关键信息

D. 认知提问，捕捉关键信息　→　猜想提问，预测验证信息　→　对比提问，建构串联信息

小提示

教育建议

　　前阅读的核心经验中指出："幼儿能在成年人指导下阅读或独立阅读的过程中了解阅读图画书的基本内容，同时学会阅读的基本方法，即学习阅读并在阅读中学习。"这就是自主阅读能力。只有成为自主阅读者，才算真正具备了基本的阅读能力，能持久保持对阅读的兴趣和热情。但幼儿不是一出生就有自主阅读能力的，因此仅拥有阅读的兴趣是不够的，还要引导幼儿学会如何阅读。

　　幼儿阅读能力的发展必须经过一定的历程，而且是有方法和策略的。教师在早期阅读的过程中需要帮助幼儿获得有关"阅读内容理解和阅读策略形成"的经验，即获得预期、假设、比较、验证等一些基本的阅读策略，通过这些策略帮助幼儿更准确地理解阅读内容，然后在不断巩固阅读的过程提高幼儿通过阅读获取信息的能力，最终走向自主阅读。

　　关联式互动阅读，主要是教师围绕绘本故事进行的提问和互动。在结合阅读对象相关内容的支持互动方面，教师的提问质量起着决定性的作用。图画书的内容并不是都能引发幼儿的关联式互动，因此教师要做好深层次的阅读准备，寻找关联式互动点。在活动前，教师自己要先读懂、读透、读好图画书，进行深入分析——哪些地方需要提什么问题帮助幼儿抓住关键信息；哪些地方需要引导幼儿对画面整体和细节进行观察，对主角和背景进行认知；哪些地方需要引导幼儿对图画、符号，以及文字等进行认知，获得阅读观察和书面语言相关联的阅读经验；等等。

引导问题5：针对绘本《三只小猪》，你可以提出哪些开放式的问题？

小提示

开放式互动阅读

　　开放式互动阅读，重要的是鼓励幼儿想说、敢说、喜欢说，运用开放式的、没有固定答案的问题不断鼓励幼儿说出自己独到的见解。

　　在开放式互动阅读中，教师不但要自己提问，还要引导幼儿在互动中大胆提问，提问能帮助幼儿将注意力集中在重要的信息上，并确认自己是否已经理解了阅读内容。教师可以给幼儿一些简单的提示，对幼儿的问题进行强化和反馈，回应提问，让幼儿提出能够引发下文的问题，帮助幼儿发展提问的能力，形成"乒乓球"式的抛接互动。幼儿不是被动地回答问题，而是在相关联的互动中不断围绕问题思考，提出问题，再思考，幼儿自发地提问以及由此产生的解释过程能引发幼儿更好地思考，深入理解故事内容，这样教师上课也将变得轻松。

　　这样开放式的互动，既能锻炼幼儿对细节的抓取能力，又能让故事阅读变得更加鲜活和有趣。当然，开放式互动阅读的"开放点"还应该贴近幼儿的生活，符合幼儿的兴趣。

　　一个有着良好阅读能力的幼儿在阅读完一本图画书后，不仅要知道故事里说了什么，还要能较完整、准确地叙述出书中的主要内容，并能通过多种方式初步表达出自己对书中的人物特征、故事主旨的理解和判断，并在生活中回忆和迁移运用。这就是幼儿在阅读过程中对阅读内容的表达与评判的经验。

引导问题 6：写出前阅读包含的内容。

_____

_____

_____

_____

引导问题 7：请根据小提示中的内容，选出幼儿早期阅读中前阅读经验在不同阶段的发展指标，完成发展指标表（见表5-2）。（填写序号即可）

表5-2　发展指标表

阶段	发展指标	提示
阶段一		发展指标 12 个
阶段二		发展指标 8 个
阶段三		发展指标 9 个
阶段四		发展指标 13 个

⚙ 小提示

幼儿早期阅读前阅读发展指标

（1）对书本和阅读表现出兴趣。

（2）能给图画中的物品命名。

（3）能持续几分钟听别人阅读文学作品。

（4）能通过封面认识不同的图书。

（5）对故事中事件的先后顺序比较敏感。

（6）几乎可以逐字地背诵整本图画书。

（7）能够评论书本中的人物角色，具备初步的阅读反思能力。

（8）会要求或建议大人为他们阅读。

（9）提出的问题和做出的评论能说明对所听故事的字面意义和理解。

（10）能够根据图画书的插图或部分情节预期故事的发展或者结局。

（11）能边翻书边看画面，并跟随画面内容，讲述一个完整的故事。

（12）会假装读书。

（13）听别人朗读故事时，能够将其中的信息和事件与现实生活现象联系。

（14）能整合阅读的所有方面（理解、发音知识、认识的单字），形成通过文字自我调节的阅读能力。

（15）知道看书要先看封面标题，文字阅读是按照从上到下、从左到右的顺序。

（16）能将口语语法和书面语法对应，产生敏感性，有效理解书面语言。

（17）能主动在书中寻找自己熟悉的物品，能指认书上的物体。

（18）能够复述、扮演或表演完整的或部分的故事情节。

（19）知道书怎么拿，愿意自己翻书，翻页比较快。

（20）对图画中重点的部分能用语言表达出更多的信息。

（21）对声音和声调敏感，能将其与文字对应起来。

（22）开始辨别书中的角色。

（23）能够记住并说出一些书的作者姓名。

（24）阅读时往往过分地忽略不认识的字，用认识的字来代替。

（25）对故事的结构有一定理解。

（26）开始养成跟主要的养育者共读图书的习惯。

（27）愿意听更长的故事，并能对相关的问题做出回应、做适当的评论或进行预测及复述故事。

（28）知道图画是代表真实事物的符号。

（29）对书籍的熟悉程度不断提高。

（30）阅读时显示出一种自我修正的行为，尽力回到目前的故事中（即展现故事的原貌）。

（31）阅读时开始依赖文字，开始知道可以使用一些帮助或线索来区分文字。

（32）能回答针对故事内容提出的预期和假设的提问。

（33）听到熟悉的文本或者重读自己书写的内容时，开始追踪文字。

（34）能够在口语表达中恰当地进行口头语风格和书面语风格的转换。

（35）知道书的组成部分及功能。

（36）按照一定的顺序阅读并理解阅读内容。

（37）通过想象对阅读内容的发展进行假设猜想。

（38）能主动看图讲述。

（39）在阅读时寻找事件发生和发展的某种原因，比较深入正确地理解阅读内容。

（40）阅读图画时，语调像一种表达性的口语阅读，带有缓慢的韵律和更多具有表现性的重音。

（41）能在成年人大声阅读书籍时相互交流。

3. 工作计划

引导问题 8：按照小提示、知识点或者自己查阅资料总结出的早期阅读前阅读教学活动实施方法，小组自行选择其中一种，讨论并共同完成方案表（见表5-3）。

表5-3　方案表

步骤	学习任务	负责人
1		
2		
3		
4		
5		
6		
7		

引导问题 9：依据早期阅读前阅读的中幼儿阅读能力的培养方向，将相对应的年龄段和具体目标内容进行连线。

3～4 岁　　　喜欢阅读简单的图书，知道看书的基本方法，不颠倒拿书、不撕书、不拆书

能主动、认真地阅读图书，能与同伴合作制作图画书，进一步了解图画书的构成

4～5 岁

懂得爱护图书，知道将图书按一定规则整理好，知道图书的构成，有兴趣模仿制作图画书

5～6 岁　　　喜欢听教师讲述图书内容，并尝试自己阅读图书

引导问题 10：以小组为单位，写出幼儿早期阅读前阅读教学活动的设计方案。

_____

_____

_____

_____

_____

⚙ 🔍 小提示

教育建议

（1）为幼儿提供良好的阅读环境和条件。

提供一定数量、符合幼儿年龄特点、富有童趣的图画书。

提供相对安静的环境，尽量减少干扰，保证幼儿自主阅读。

（2）激发幼儿的阅读兴趣，培养阅读习惯。

经常抽时间与幼儿一起看图书、讲故事。

提供童谣、故事和诗歌等不同体裁的儿童文学作品，让幼儿自主选择和阅读。

当幼儿遇到感兴趣的事物或问题时，和他一起查阅图书资料，让他感受图书的作用，通过阅读获取信息的乐趣。

（3）引导幼儿体会标识、文字符号的用途。

向幼儿介绍医院、公用电话等生活中的常见标识，让其知道标识可以代表具体事物。

结合生活实际帮助幼儿体会文字的用途，如买来新玩具时，把说明书上的文字念给幼儿听，了解玩具的玩法。

引导问题 11：根据小组教学活动设计方案，在表 5-4 中列出活动中需要使用的材料、教具等。

表 5-4　材料教具清单

序号	物品名称	适用地	数量	备注

序号	物品名称	适用地	数量	备注

4. 做出决策

引导问题 12：各小组推荐一名组员阐述设计方案。

_____

_____

_____

_____

引导问题 13：组内成员讨论每个小组的活动方案设计，分析优缺点，综合每位成员的意见提出看法，填写优缺点表（见表5-5）。

表 5-5　优缺点表

优点	缺点

本组看法：

引导问题 14：教师综合各组完成教学活动方案的情况进行点评，师生共同讨论，设计优化对比表（见表 5-6）确定最优活动实施方案。

表 5-6　优化对比表

讨论前活动方案存在的缺点	讨论后整理优化的活动方案

5. 工作实施

按照讨论后整理优化的前阅读教学活动设计方案及相关教具组织实施教学，选择一个学生模拟教师，其他学生模拟幼儿，组织一个早期阅读活动。

引导问题 15：请记录教学实施过程中遇到的问题，小组讨论提出完善建议。

引导问题 16：小结幼儿早期阅读前阅读教学活动的组织流程，并填写组织流程表（见表 5-7）。

表 5-7　组织流程表

序号	组织流程	重点内容
1		
2		
3		

续表

序号	组织流程	重点内容
4		
5		
6		

6. 评价反馈

本次工作任务完成情况采取多元化评价，本次任务由学生自评学习过程（见表5-8）、学生互评工作过程（见表5-9）和教师总体评价（见表5-10）构成。

表5-8　学生自评表

姓名		班级		小组	
时间			地点		
序号	自评内容		分值	得分	备注
1	主动配合小组学习任务安排		10		
2	教学教具的准备		20		
3	前阅读教学活动的方案设计		30		
4	帮助小组解决问题，提出有效意见		10		
5	学习任务完成情况		20		
6	做好教学内容总结		10		
总分			100		

优点	
缺点及改进措施	
备注	

表5-9　学生互评表

评价项目	分值	等级	评价对象（组别）					
			1	2	3	4	5	6
教学语言表述	20	优20　良15　中10　差5						
材料教具准备	10	优10　良8　中6　差4						
小组成员合作	10	优10　良8　中6　差4						
教案完成情况	20	优20　良15　中10　差5						
教学组织完整	20	优20　良15　中10　差5						
教学成果展示	20	优20　良15　中10　差5						
合计	100							

表5-10　教师总体评价表

评价事项	评价标准及分值	评价对象（组别）					
		1	2	3	4	5	6
内容	1. 内容为幼儿所熟悉的，符合幼儿心理（5分）						
	2. 教学内容情节合理、紧凑，图文密切切合，让幼儿对阅读活动感兴趣（5分）						
	3. 整合了其他领域的内容（5分）						
	4. 涉及认知、情感态度、能力技能方面（5分）						
过程	1. 体现幼儿自主阅读的特点（5分）						
	2. 符合前阅读阅读活动的组织结构（5分）						
	3. 时间分配合理，内容让幼儿口动、心动地学习（5分）						
	4. 各个环节的安排和衔接流畅（5分）						
教态	1. 尊重和倾听幼儿的意见（5分）						
	2. 表情合宜，声音富有感情（5分）						
	3. 目光面向幼儿，环顾关照每个幼儿（5分）						
	4. 起到平行引导作用（5分）						
教具	1. 运用能激发幼儿阅读兴趣的、丰富多样的阅读材料（5分）						
	2. 阅读材料的图例充分表现内容，有创意（5分）						
	3. 图书质量合格、富有创意（5分）						
	4. 能养成幼儿多阅读、爱阅读的良好习惯（5分）						
语言	1. 用启发性的语言与幼儿互动（5分）						
	2. 用幼儿理解和喜爱的语言做隐性示范（5分）						
	3. 用积极的鼓励性、建设性的话语鼓励幼儿在众人面前发表自己的看法、想法（5分）						
	4. 将阅读的重点内容合理有效地转化为游戏规则（5分）						

四、拓展思考

（1）根据前阅读的相关内容，思考如何有效引导幼儿进行阅读活动。

（2）进行"阅读小屋"环境的创设。

五、与前阅读相关的知识点

━━━━━ 💬 **知识点 1** ━━━━━

前阅读能力培养的重要意义

1. 能够开阔幼儿眼界，促进幼儿心理健康发展

幼儿都有很强的好奇心，他们不满足于了解表面现象，有强烈的求知欲和认识兴趣。幼儿阅读各种类型的图书，可获取社会、自然、人文、科学、语言、艺术等方面的基本常识和基本技能。这样，不仅可以丰富幼儿的知识、开阔其眼界、陶冶其道德情感，而且可以提高幼儿语言、认知、概括、阅读理解等方面的能力。人生不可能什么事都亲历为之。阅读是让幼儿多快好省地经历各种事情的好办法，幼儿提早进入阅读阶段大量读书，可以增强其生活感受。让幼儿早早阅读，就是让幼儿早早进入纯洁美妙的图书世界，使幼儿的生活变得多姿多彩、乐趣无穷、充实愉快，从而保证幼儿的身心健康，有利于幼儿个性的形成与发展。

2. 能够促进幼儿观察能力与思维能力的发展

幼儿时期是阅读能力及观察能力初步形成的重要时期。幼儿观察能力的发展，表现在观察的目的性、持久性、组织性、细致性及概括性上。这些观察能力在幼儿早期阅读活动中能充分展现。例如，教师要求幼儿围绕某问题观察画面。在阅读活动中，幼儿需要通过对画面、角色表情的比较分析等思维形式做出简单的判断和推理。幼儿的思维在其不断观察、想象中逐渐丰富，在成年人讲解、指点的刺激下得到促进，逐步从以具体直观、形象思维为主向幼儿晚期逻辑抽象思维形成过渡。

3. 能够促进幼儿独立性和自信心的发展

由于幼儿起初没有阅读能力，其最初的阅读行为往往来自生活实际，即幼儿的阅读开始是成年人与幼儿的交互阅读。随着幼儿年龄的增长，这种交互阅读会适当进行调整，成年人的讲述成分逐渐减少，幼儿的自主阅读成分逐步增加，过渡到以幼儿为主的阅读活动，幼儿的独立性由此得到发展。同时，幼儿从读不懂图片内容、不会讲故事到能够复述一个情节、一段经历，用自己的言语、语言表达方式讲述一个故事，编自己想编的故事，具有一定阅读能力。这个转变过程使幼儿的自信心得到提高。

4. 能够促进幼儿口头语言和书面语言的发展

语言是人类交往或互动的一种工具，幼儿的口头语言发展惊人，他们乐于接受新鲜事物，尝试用自己所学的语言解释生活中的所见所闻。国外相关研究表明，幼儿在早期获得口头语言的同时，就开始关注周围环境中的书面语言。例如，幼儿常常用纸和笔模仿成年人涂涂写写不是字的字。而且幼儿获得的早期阅读经验对其口语的发展起到了促进作用，特别有利于幼儿词汇的增长，有利于幼儿对复杂语法结构的掌握。通过早期阅读，幼儿可以有效地触及书面语言，增长书面语言的知识，懂得读和写的初步规则，从而为日后的正式读写打下良好基础。

知识点 2

培养幼儿前阅读能力的具体实施策略

1. 帮助幼儿掌握阅读的方法

阅读有朗读和默读两种方法。教师在指导幼儿进行阅读的过程中，应根据不同的内容让幼儿用不同的方法进行阅读，如诗歌、散文等可让幼儿朗读，故事、小说、寓言等适合幼儿默读。在幼儿朗读时，要使幼儿发音准确、流利和富有节奏感，并使幼儿充分理解阅读的内容。默读则要让幼儿注意分析文章的脉络、层次，弄清段落之间、句子之间的关系，注意把控事件中的人物、地点、时间和经过，使阅读成为有效阅读。

2. 促进幼儿养成良好的阅读习惯

良好的阅读习惯是建立在阅读内容健康的书报和充分利用时间的基础上的。教师在指导幼儿进行阅读时，有必要为幼儿选择适合其年龄特点的材料。尽量使幼儿能够广泛阅读有关自然科学、社会科学的儿童读物，防止幼儿偏科的倾向。更为重要的是不能让幼儿接触内容不健康的书籍和画报，以便孩子的思想和兴趣从小打下好的基础，促进其身心健康发展。此外要指导幼儿充分利用时间进行阅读。因此，教师要指导幼儿利用茶余饭后和各种空闲时间进行阅读。同时，要提醒幼儿不要做长时间的阅读，以保证幼儿的用眼卫生和身心健康成长。

3. 不断提高幼儿阅读的速度和质量

阅读速度和阅读质量是阅读能力的两个重要方面。阅读速度慢就无法进行广泛的阅读。阅读质量不高，对阅读过的东西不能理解和掌握，就无法感受到阅读的意义。因此，教师要想方设法提高幼儿的阅读速度和质量，可以通过限制一定的时间让幼儿读文章，其中的关键是提高幼儿的理解力。教师需要提醒幼儿在阅读材料时注意理解各个句子、段落和文章的意义，通过长时间反复的训练培养幼儿良好的理解力，从而使幼儿阅读质量不断提高。

4. 更加重视阅读过程而不是结果

成年人阅读主要是阅读文字材料，注重文字材料的内在逻辑联系和实际意义，其目的是从文字材料中获得有用的东西；而幼儿阅读主要是阅读形象直观、图文结合的图画材料，了解图画材料的趣味性和画面的生动性，凭借色彩图像和成年人的言语以及文字来理解以图为主的读物内容，从阅读过程中获得乐趣。除此之外，幼儿还在阅读过程中获得翻阅图书的经验、将画面文字与口头语言对应起来的经验、读懂图书内容的经验、成为流畅阅读者需具备的经验。这些经验的获得是个渐进的过程，为此教师在培养幼儿阅读能力时需要的是耐心而不是急功近利。

5. 以积极的态度对待幼儿的早期阅读行为

儿童的行为是容易受人暗示的，因而，教师需要对幼儿的阅读行为表示关注、感兴趣和赞赏。如果教师能够参与幼儿的阅读活动，乐于回答幼儿提出的问题、与幼儿一起看书、与幼儿讨论其阅读过的读物等，教师这种对待阅读的态度、行为将有利于幼儿对阅读保持持久的兴趣和提升阅读的积极性，使幼儿养成阅读的习惯。环境中十分重要的因素是教师的示范性，也就是教师身体力行和以身作则。幼儿的学习是一种模仿，学习榜样是幼儿自我强化的源泉。幼儿正是从教师身上看到了阅读的乐趣。研究早已发现，空闲时经常浏览报纸和杂志、书籍的教师，更有可能使幼儿对阅读产生兴趣。若想让幼儿对阅读有兴趣，教师首先要对阅读有热情。

6. 让幼儿在阅读中获得成功的体验

对于幼儿在阅读中取得的成就、成功，教师要及时给予肯定和表扬，以进一步激发幼儿阅读的兴趣，扬起阅读的风帆。在幼儿的心里，教师的形象是高大的，教师的表扬是对幼儿的认可。在阅读过程中，教师要通过更多的表扬、鼓励激起幼儿的奋进之心。如果每个孩子每次阅读后都产生"今天学会了一个新知识，真聪明"等阅读评价，他们对阅读的兴趣就会不断被激发出来。当幼儿在阅读中遇到障碍时，教师仍然要及时进行疏导、激励，让幼儿重新燃起阅读兴趣。

任务二 前识字

一、任务描述

在苗苗幼儿园葡萄班阅读角里，多多指着墙上的一幅画有水的图画告诉李老师："李老师，我知道这个画是画的水。"李老师指着图画告诉多多和其他小朋友："其实呀，这幅画里藏着一个秘密，它里面藏着一个字，你们猜是什么字呢？"李老师出示了"水"的象形文字，并与图画比较，让孩子们仔细观察画与字之间的联系，并决定以此开展"寻找'氵'的汉字"的识字活动。

二、学习目标

（1）培养幼儿对生活中常见的简单标记和文字符号的兴趣。
（2）帮助幼儿正确理解图书上的文字和画面的对应关系。
（3）根据幼儿不同年龄特点帮助其掌握早期阅读前识字的方法，丰富幼儿获得有关符号和文字的经验。
（4）帮助幼儿理解单幅或多幅图画的内容，并用语言归纳。
（5）制作早期阅读前识字教学活动所需的玩教具。
（6）根据幼儿不同年龄特点设计并组织实施早期阅读前识字教学活动。

三、设计并实施前识字活动

前识字活动的目的是：让幼儿知道文字有具体的意义；理解文字功能与作用的经验；获取有关文字来源的经验及知道文字是一种符号，并了解文字与其他符号可以相互转化的经验。教师在组织前识字活动时需要按照幼儿园工作标准和早期阅读内容的具体要求实施，扎扎实实做好每一个环节的工作，落实到每一个步骤，综合全面地考虑前识字活动的策划、组织和实施。

1. 小组任务分配

进行小组任务分配时，要充分考虑学生个体差异和能力，使其优质高效地完成工作任务。小组任务分配表如表5-11所示。

表5-11 小组任务分配表

班级		组别		指导教师	
组长					
组员	姓名	备注		姓名	备注
任务分工					

小提示

"前识字"是什么

前识字是指幼儿在接受学校教育之前，获得的有关符号和文字在功能、形式和规则上的意识，以及在有目的、有意义的情景中初步习得的有关符号与文字的经验。

我们根据文字的基本要素和汉字作为表意文字的特点，综合幼儿文字意识发展的相关研究，确定了幼儿"前识字"经验的三个范畴：一是"符号和文字功能的意识"的经验；二是"符号和文字形式的意识"的经验；三是"符号和文字规则的意识"的经验。

---

2. 获取信息/工作准备

引导问题 1：阅读小组任务分配表，结合任务描述分析其信息。

引导问题 2：自主学习，谈谈如何建立幼儿早期阅读前识字经验。

引导问题 3：查阅相关材料，收集文字、口语与前识字概念的对应资料。

（1）交通与公共场所的图形标志。

（2）常见且简单的偏旁，拼字组词。

_____

_____

_____

_____

_____

⚙ 小提示

生活中公共厕所的多元表征方式如图 5-1 所示。

	表征符号	备注
公共厕所	 👖	穿裤子的代表男厕所，穿裙子的代表女厕所
	 🪈👠	烟斗代表男厕所，高跟鞋代表女厕所
	 🎩	带绅士帽子的代表男厕所，扎辫子的代表女厕所
	 MEN男 WOMEN女	男女特征外加英文单词分别代表男、女厕所

图 5-1　生活中公共厕所的多元表征方式

引导问题 4：幼儿早期阅读前识字活动教学方法有哪些?

_____

_____

_____

_____

_____

⚙ 小提示

教育建议

（1）经常和幼儿一起阅读，引导幼儿以自己的经验为基础理解图书的内容。引导幼儿仔细观察画面，结合画面讨论故事内容，学习建立画面与故事内容的联系。和幼儿一起讨论或回忆书中的故事情节，引导其有条理地说出故事的大致内容。

　　在给幼儿读书或讲故事时，可以先不告诉幼儿书或故事的名字，让幼儿听完后自己命名，并说出这样命名的理由。

　　鼓励幼儿自主阅读，并与他人讨论自己在阅读中的发现、体会和想法。

　　（2）在阅读中发展幼儿的想象力和创造能力。

　　鼓励幼儿依据画面线索讲述故事，大胆推测、想象故事情节的发展，改编故事部分情节或续编故事。

　　鼓励幼儿用故事表演、绘画等不同的方式表达自己对图书和故事的理解。

　　鼓励和支持幼儿自编故事，并为自编的故事配上图画，制成图画书。

　　（3）引导幼儿感受文学作品的美。

　　有意识地引导幼儿欣赏或模仿文学作品的语言节奏和韵律。

　　给幼儿读书时，通过表情、动作和抑扬顿挫的声音传达书中的情绪情感，让幼儿体会作品的感染力和表现力。

　　引导问题 5：请根据小提示中的内容，选出幼儿早期阅读前识字经验的建立在不同阶段的发展指标，完成发展指标表（见表5-12）。（填写序号即可）

表5-12　发展指标表

阶段	发展指标	提示
阶段一		发展指标9个
阶段二		发展指标8个
阶段三		发展指标9个
阶段四		发展指标7个

⚙ 小提示

幼儿早期阅读前识字发展指标

（1）开始了解文字是一种有意义的符号。

（2）偶尔能够区分画画和写字。

（3）会将书本和阅读联系在一起。

（4）有时会注意具体的印刷符号。

（5）会要求和建议大人为他们书写。

（6）能将符号、文字渗入图画。

（7）试图读出诸如标记、标签、标志中的文字。

（8）不断增强对接受性和表达性词汇的理解。

（9）开始与环境中自然出现的文字互动，以及产生回应。

（10）知道中文字是一字一音。

（11）假装读出图画的意思，好像在阅读文字。

（12）开始关注常用词的声母和韵母。

（13）逐渐可以读出熟悉的书面语言内容，但不一定能够逐字地念。

（14）知道文字与图画是不同的。

（15）初步了解印刷文字的概念，如哪一面是书的上面，应从哪边打开，怎么样翻到下一页。

（16）改编故事时能注意原作者的文字。

（17）开始通过部分特征辨认一些常见的字词。

（18）愿意念书给别人听。

（19）理解母语文字是一种特殊类型的视觉图像，每个字都有其特殊的命名。

（20）通过阅读自己书写或别人书写的东西了解意思。

（21）能够在各种情况下辨认熟悉的字。

（22）学会了很多文字与声音的对应关系。

（23）懂得不同形式的印刷品可以用来表现不同功能的书面语言和信息（如杂货清单和菜单）。

（24）认识书写符号，能认识到符号可以表达一定的意思。

（25）阅读时开始关注文字，知道可以寻找线索来区分文字。

（26）能通过视觉识别一些汉字，包括一些非常常用的单字。

（27）能辨认周围环境中的印刷文字。

（28）对一个不能立刻识别的单字，可以找出一个字来代替，并推断其意义。

（29）知道读故事读的是印刷文字。

（30）熟悉一些文本（如故事书、说明文、诗歌、报纸，以及标志、通知、标签等日常印刷文字）。

（31）能认识自己姓名中的文字。

（32）能够识别并读出认识的汉字，开始点认对应的文字。

（33）对生活中常见的简单标记和文字符号充满兴趣。

3. 工作计划

引导问题 6: 按照小提示、知识点或者自己查阅资料总结出的早期阅读前识字教学活动实施方法,小组自行选择其中一种,小组成员讨论并共同完成方案表(见表5-13)。

表5-13 方案表

步骤	学习任务	负责人
1		
2		
3		
4		
5		
6		
7		

引导问题 7: 依据早期阅读前识字的中幼儿阅读能力的培养方向,将相对应的年龄段和具体目标内容进行连线。

3~4 岁	能仔细观察图画书画面的人物情节,看懂单页多幅的儿童图画书的内容,增强预知故事情节发展和结局的能力,能用一段话归纳图书的主要意思
	积极学认常见的汉字,对学习与阅读汉字感兴趣
4~5 岁	能初步看懂单幅儿童图画书的主要内容,能用一段话说出一幅画的主要内容,开始感受语言和其他符号的转换关系
5~6 岁	能理解多页多幅图画的主要意思,能根据画面内容预测情节的发展,并用一句话归纳图书的主要意思

⚙ 小提示

"具有初步的阅读理解能力"的目标
——来自《3-6岁儿童学习与发展指南》

(1)3~4 岁。

能听懂短小的儿歌或故事。

会看画面,能根据画面说出图中有什么,发生了什么事等。

能理解图书上的文字是和画面对应的,是用来表达画面意义的。

(2)4~5 岁。

能大体讲出所听故事的主要内容。

能根据连续画面提供的信息,大致说出故事的情节。

能随着作品的展开产生喜悦、担忧等相应的情绪反应,体会作品所表达的情绪情感。

(3)5~6 岁。

能说出所阅读的幼儿文学作品的主要内容。

能根据故事的部分情节或图书画面的线索猜想故事情节的发展,或续编、创编故事。

对看过的图书、听过的故事能说出自己的看法。

能初步感受文学语言的美。

引导问题 8：以小组为单位，写出幼儿早期阅读前识字教学活动的设计方案。

_____

_____

_____

_____

_____

_____

_____

_____

_____

_____

_____

_____

_____

_____

_____

_____

_____

_____

_____

_____

🔍 小提示

教育建议

（1）在阅读活动中，幼儿需要通过对画面、角色表情的比较、分析等做出简单的判断和推理。

教师应指导幼儿边看边想，引导他们在阅读的过程中，仔细观察画面中人物的表情、动作、背景等；启发他们合理想象，思考画面中的人物在干什么、将要干什么，让他们联系前后页来理解画面，并串联起来，有意识地让他们认识到一个精彩的故事是由连续的画页构成的。

例如，《小弟与小猫》中有这样几幅画面："小弟弟想抱抱小姐姐怀里的小猫。但是他的手和脸脏脏的，小猫咪把脸扭过去不想让小弟弟抱，转而溜走了。"在这几幅画面中，幼儿只有对小弟弟的手和脸仔细观察，才能理解小猫为什么把脸扭过去，进而溜走；同时明白小弟弟不讲卫生，连小猫都不喜欢。可见，幼儿要理解故事内容，必须善于观察角色的表情、动作等，结合上下文正确地理解、分析和判断。

（2）在阅读活动中，幼儿识字更多是在有关文字功能的意识、文字形式的意识和文字规则的意识等核心经验获得的基础上的自然习得。

例如，幼儿能认识什么样的字？幼儿首先掌握的是生活、阅读中遇到的功能性的符号、标识和文字，这些符号、标识和文字与幼儿的生活息息相关，幼儿在与这些符号、标识和文字的互动中产生对文字的兴趣，发展对文字的敏感性，为未来识字做好经验准备。再如，幼儿怎样识字？这要注意两个方面，一是幼儿从形成文字功能意识开始，逐渐形成文字形式和文字规则的意识；二是文字等书面语言是在幼儿生活、阅读经验丰富以及口头语言发展的基础上获得的，因此，丰富幼儿的生活和阅读经验，发展幼儿的口头语言，关注幼儿对文字的兴趣和敏感性，适时地促进幼儿文字形式意识和文字规则意识的发展，才能帮助幼儿在入小学后顺利地从"前识字"走向"识字"。

引导问题 9：在表 5-14 中列出本小组选择的幼儿早期阅读前识字教学活动设计方案中需要使用的材料、教具。

表 5-14　材料、教具清单

序号	物品名称	适用地	数量	备注

4. 做出决策

引导问题 10：各小组推荐一名组员阐述设计方案。

_____

_____

引导问题 11：组内成员讨论每个小组的活动方案设计，分析优缺点，综合每位成员的意见提出看法，填写优缺点表（见表 5-15）。

表 5-15 优缺点表

优点	缺点

本组看法：

引导问题 12：教师综合各组完成教学活动方案的情况进行点评，师生共同讨论，设计优化对比表（见表 5-16），确定最优活动实施方案。

表 5-16 优化对比表

讨论前活动方案存在的缺点	讨论后整理优化的活动方案

5. 工作实施

按照讨论后整理优化的前识字教学活动设计方案及相关教具实施教学，选择一个学生模拟教师，其他学生模拟幼儿，组织一个早期阅读活动。

引导问题 13： 请记录教学实施过程中遇到的问题，小组讨论并提出完善建议。

引导问题 14： 小结幼儿早期阅读前识字教学活动的组织流程，并填写组织流程表（见表5-17）。

表5-17　组织流程表

序号	组织流程	重点内容
1		
2		
3		
4		
5		
6		

6. 评价反馈

工作任务完成情况采取多元化评价，本次任务由学生自评学习过程（见表5-18）、学生互评工作过程（见表5-19）和教师总体评价（见表5-20）构成。

表5-18　学生自评表

姓名		班级		小组	
时间			地点		
序号	自评内容		分值	得分	备注
1	主动配合小组学习任务安排		10		
2	教学教具的准备		20		

序号	自评内容	分值	得分	备注
3	前识字教学活动的方案设计	30		
4	帮助小组解决问题，提出有效意见	10		
5	学习任务完成情况	20		
6	做好教学内容总结	10		
	总分	100		

优点	
缺点及改进措施	
备注	

表5-19　学生互评表

评价项目	分值	等级	评价对象（组别）					
			1	2	3	4	5	6
教学语言表述	20	优20　良15　中10　差5						
材料教具准备	10	优10　良8　中6　差4						
小组成员合作	10	优10　良8　中6　差4						
教案完成情况	20	优20　良15　中10　差5						
教学组织完整	20	优20　良15　中10　差5						
教学成果展示	20	优20　良15　中10　差5						
合计	100							

表5-20　教师总体评价表

评价事项	评价标准及分值	评价对象（组别）					
		1	2	3	4	5	6
内容	1. 内容为幼儿所熟悉的，符合幼儿心理（5分）						
	2. 教学内容情节合理、紧凑，图文密切切合，让幼儿对识字活动感兴趣（5分）						
	3. 整合了其他领域的内容（5分）						
	4. 涉及认知、情感态度、能力技能方面（5分）						

评价事项	评价标准及分值	评价对象（组别）					
		1	2	3	4	5	6
过程	1. 体现幼儿自主阅读的特点（5分）						
	2. 符合前识字阅读活动的组织结构（5分）						
	3. 时间分配合理，内容让幼儿口动、心动地学习（5分）						
	4. 各个环节的安排和衔接流畅（5分）						
教态	1. 尊重和倾听幼儿的意见（5分）						
	2. 表情合宜，声音富有感情（5分）						
	3. 目光面向幼儿，环顾关照每个幼儿（5分）						
	4. 起到平行引导作用（5分）						
教具	1. 运用能激发幼儿阅读兴趣的、丰富多样的阅读材料（5分）						
	2. 阅读材料的图例充分表现内容，有创意（5分）						
	3. 图书质量合格、富有创意（5分）						
	4. 能养成幼儿多阅读、爱阅读的良好习惯（5分）						
语言	1. 用启发性的语言与幼儿互动（5分）						
	2. 用幼儿理解和喜爱的语言做隐形示范（5分）						
	3. 用积极的鼓励性、建设性的话语鼓励幼儿在众人面前发表自己的看法、想法（5分）						
	4. 将阅读的重点内容合理有效地转化为游戏规则（5分）						

四、拓展思考

（1）幼儿前识字活动的特点是什么？

（2）实践幼儿班级幼儿识字的现状分析。

五、与前识字相关的知识点

💬 知识点 1

前识字活动组织策略

（1）玩一玩。轻松的游戏能让孩子们缓和紧张的情绪，很快进入角色，积极参与活动。所以开场的暖身游戏很重要。

（2）想一想。3～6岁孩子的思维处在具体形象思维的发展过程中，因此具体形象的事物更有助于孩子们理解、掌握，进而认识。

（3）看一看。学习的主体是孩子，因此，让孩子们主动地学习是幼儿教育的目的。

（4）猜一猜。猜想是孩子们喜欢且擅长的。利用孩子们这一特性，并和活动的目的相结合，让孩子们在猜一猜中去巩固、认识、运用文字，让孩子们在运用的过程中、功能性的情景中学习。

（5）找一找。文字的运用体现最多的是在图书中，目的在于更好地理解图书所表达的意义，专门的前识字活动也表明符号、文字的学习与运用相结合，强调多感官参与。

知识点 2

前识字活动的特点

（1）在活动目标定位上关注核心经验。前识字的核心经验表现为儿童对文字功能和意义的认识、对文字符号在形式上的敏感。儿童对文字的习得和再认识是儿童前识字核心经验发展的必然结果。

（2）在教学内容上从幼儿出发，关注幼儿的生活经验。前识字是要培养幼儿的文字意识，让幼儿在和文字互动时增加汉语文字的意识。

（3）在教学方法上强调游戏为基本形式，重视幼儿的操作和体验。

（4）在教学评价上重视幼儿对文字的兴趣和信心。前识字活动重点在于培养幼儿对文字和符号的兴趣和敏感性，获得文字意识。

知识点 3

前识字活动范例

1. 画里寻字

目标：让幼儿在游戏中感受、熟悉字形。

材料：文字字卡若干，由汉字或文字演变图制作而成的"图字迷宫"，回形针，磁铁，盘子。

玩法：单人游戏，幼儿自主选择一张喜欢的文字演变图，把回形针放于盘子中，将磁铁放在盘底，借助磁铁的磁性带动回形针在"图字迷宫"的字形笔画上行走。

2. 画画取意

目标：鼓励幼儿尝试在"画字"中表达一定的意象。

材料：沙盘，筷子，汉字演变图若干，大字图若干。

玩法：单人游戏，幼儿用筷子在沙盘上以"画字"和模仿图形字形的方式进行游戏。

3. 连线成字

目标：促进幼儿手眼协调发展，同时帮助幼儿学习由上至下、由左至右的运笔技能。

材料：虚线画成的文字字卡，笔。

玩法：单人游戏，幼儿把虚线画出的文字轮廓连成实线。

4. 以画达意

目标：鼓励幼儿在口头语言、绘画图案和象形文字中建立一定联系，在说说、涂涂、画画中自主建构图与字的意义和联系。

材料：创设"图字交互墙"，汉字演变图若干，大字图若干，各色颜料及颜料笔若干，小水桶，抹布，报纸等。

玩法：结伴游戏"我来说，你来画"，即一方幼儿用语言表述一定的意思，另一方幼儿以画字的方式来表达；或一方画字表意，另一方猜画达意。

5. 画画猜字

目标：让幼儿在说说、画画中感受古文字到现代汉字的演变过程，从中了解字形和字义，并且获得和巩固猜字经验。

材料：纸、笔、大字图卡或汉字演变图卡。

玩法1：结伴竞技小游戏——"比比谁画得快"。

幼儿商讨选择一张大字图卡或汉字演变图卡，然后各自在画板上用最快的方式画出字形，看看谁画得快。

玩法2：结伴竞技小游戏二——"猜猜我的画"。

幼儿自主选择图卡，模仿画出一定的意义表象，然后让另一幼儿猜猜画了什么，最后逐渐揭晓画的字。之后，再交换着画与猜，比比看，谁猜对的多。

任务三　前书写

一、任务描述

苗苗幼儿园葡萄班语言教育活动中，老师让大家拿起笔记录自己昨天一天的生活。多多拿起笔记录了自己昨天的活动，记录完以后，还在右下角上了自己的名字和日期，但是在写"多"字的时候，上下结构的字被他写成了左右结构。这时李老师看到了，便对多多说："多多，都会写自己的名字了，真棒，可以给老师和小朋友们念一下吗？"多多点点头，大声地念了起来。李老师让其他小朋友们都试着去书写自己的姓名，并由此开展一次前书写教学活动。

二、学习目标

（1）培养幼儿在成年人的启发下认读简单的文字。

（2）在早期阅读前书写活动中运用整合的组织活动方式。

（3）根据不同年龄阶段幼儿特点引导其掌握早期阅读前书写的方法，提高幼儿获得文字的观察、理解能力。

（4）制作早期阅读前书写教学活动所需的玩教具。

（5）根据不同年龄阶段幼儿特点设计并组织实施早期阅读前书写教学活动。

三、设计并实施前书写活动

前书写活动的目的是：让幼儿知道文字具有的意义；理解文字功能与作用；获取有关文字来源的经验，以及知道文字是一种符号，并了解文字与其他符号可以相互转化；知道语言和文字的多样性及了解识字规律。教师在组织前书写活动时需要按照幼儿园工作标准和早期阅读内容的具体要求实施，扎扎实实做好每一个环节的工作，落实到每一个步骤，综合全面地考虑前书写活动的策划、组织和实施。

1. 小组任务分配

进行小组任务分配时，要充分考虑学生个体差异和能力，使其优质高效地完成工作任务。小组任务分配表如表 5-21 所示。

表 5-21　小组任务分配表

班级		组别		指导教师	
组长					
组员	姓名	备注	姓名	备注	
任务分工					

🔍 **小提示**

"前书写"是什么

前书写是学龄前儿童以笔墨纸张及其他书写替代物为工具，通过画图和涂写，运用图画、图形、文字及其符号，表达信息、传递信息，与周围的同伴和成年人分享、交流其思想、情感和经验的游戏和学习活动。幼儿的前书写行为能帮助幼儿通过符号或文字传递信息，表达自己的感情和想法，还能帮助幼儿了解书面语言的功能和特点，获得初步的读写规则，建立初步的读写信心，养成早期书写的行为习惯，为后期有效书写做好准备。

2. 获取信息/工作准备

引导问题 1：阅读小组任务分配表，结合任务描述分析其信息。

引导问题 2：你认为以下哪一种类型属于前书写教学活动？请在属于的选项后打"√"，在不属

于的选项后打"×"。

（1）在田字格中书写汉字。 （　　）

（2）书写拼音。 （　　）

（3）幼儿进行绘本创作。 （　　）

（4）幼儿涂涂画画。 （　　）

（5）其他（请填写）

_____

_____

_____

_____

引导问题 3：你认为在幼儿园阶段，幼儿应该掌握哪些书写能力？请在应该掌握的选项后打"√"，在不应该掌握的选项后打"×"。

（1）能用符号、图画表达一定的意思。 （　　）

（2）会书写自己的名字。 （　　）

（3）能掌握正确的握笔姿势和坐姿。 （　　）

（4）能写一些完整的、简单的汉字。 （　　）

（5）能掌握由上到下、由左到右的运笔技能。 （　　）

（6）能把汉字写进田字格里。 （　　）

（7）能按正确的笔顺写一些简单的汉字。 （　　）

（8）其他（请填写）

_____

_____

_____

_____

引导问题 4：请按自己的认识对前书写意义的重要性进行排序。

（1）前书写的意义

① 促进幼儿手部肌肉的发展。

② 促进幼儿理解图文能力、表达能力的发展。

③ 建立幼儿对汉字的敏感性和兴趣。

④ 促进幼儿想象力的发展。

⑤ 让幼儿产生"我会写"的自信心。

⑥ 让幼儿初步积累书面语言知识。

⑦ 帮助幼儿认识更多的汉字。

（2）按重要性排序

_____

_____

_____

_____

_____

⚙ 小提示

教育建议

（1）让幼儿在写写画画的过程中体验文字符号的功能，培养其书写兴趣。

准备供幼儿随时取放的纸、笔等材料，也可利用沙地、树枝等自然材料满足幼儿自由涂画的需要。

鼓励幼儿将自己感兴趣的事情或故事画下来并讲给别人听，让幼儿体会用写写画画的方式表达自己的想法和情感。

把幼儿讲过的事情用文字记录下来，并念给他听，使幼儿知道说的话可以用文字记录下来，从中体会文字的用途。

（2）在绘画和游戏中做必要的书写准备。

通过把用虚线画出的图形轮廓连成实线等游戏，促进手眼协调，同时帮助幼儿学习由上至下、由左至右的运笔技能。

鼓励幼儿学习书写自己的名字。

提醒幼儿写写画画时保持正确姿势。

引导问题 5：请根据下面小提示中的内容，选出幼儿早期阅读前书写经验的建立在不同阶段的发展指标，完成发展指标表（见表 5-22）。（填写序号即可）

表 5-22　发展指标表

阶段	发展指标	提示
阶段一		发展指标 3 个
阶段二		发展指标 6 个

续表

阶段	发展指标	提示
阶段三		发展指标 9个
阶段四		发展指标 13个

⚙️ 小提示

幼儿早期阅读前书写发展指标

（1）积极使用铅笔、纸进行写、画等活动。

（2）会将涂涂写写当成一种有趣的活动。

（3）能用画图代表写字。

（4）尝试用各种不同的符号表达不同的意思，如汉字、其他文字、图画、数字、注音符号、标志、英文字母等。

（5）有目的地做记号或涂画。

（6）使用工具时能控制工具。

（7）能够写出一些类似字的符号，也能像用书面语言写作那样涂涂写写。

（8）意识到自己的书写与规范书写的差别。

（9）能写自己的名字（名和姓），并能写出一些朋友和同学的名字。

（10）书写内容具有随机性，以涂鸦为主。

（11）能独立地写出一些简单的汉字。

（12）喜欢拿笔在纸上涂写。

（13）对汉语文字构成规律敏感，能联想某个符号特征与语义之间的联系。

（14）开始探索语音与字形的关系，用自己知道的规律来构造字。

（15）可以不依常规地用书面方式表达自己的意思。

（16）能够区别涂画与符号。

（17）知道中文字形独立的特征。

（18）开始累积书写规范的字词。

（19）会期待阅读和写字活动。

（20）能将所写的内容说给他人听。

（21）偶尔做一些标记和涂改。

（22）开始探索语音与字形的差别。

（23）会假装书写。

（24）使用自发性的拼写，并逐步用习惯性的拼写进行表达。

（25）能够尝试书写类似汉字部件的符号。

（26）可以将阅读的书面语言内容与日常生活的经验连接起来，也开始尝试把日常生活经验用书面语言方式表现出来。

（27）能借助文字的符号特征，并且通过特征规律去推导与文字意义之间的联系。

（28）开始觉察到成年人所写的字是有意义的。

（29）能更好地控制书写工具，能写出部首的形状，有时能写出更多的字。

（30）通过书写（不合传统地）来表达自己的意思。

（31）对"小孩写的东西"和传统造字法之间的区别有所认识。

3. 工作计划

引导问题 6：查阅资料，在教师的引导下根据工作任务描述进行任务分析，完成任务分析表（见表 5-23）。

表 5-23　任务分析表

步骤	学习任务	负责人
1		
2		
3		
4		
5		
6		
7		

引导问题 7：依据早期阅读前书写中的幼儿阅读能力的培养方向，将相对应的年龄段和具体目标内容进行连线。

3~4 岁	对文字感兴趣，能在成人的启发下认读简单的文字
	在阅读过程中初步了解汉字的由来和简单的汉字认读规律，并有主动探索汉字的愿望
4~5 岁	能独立阅读图书，理解相关内容
	喜欢描画图形，尝试用有趣的方式练习汉字的基本画
5~6 岁	掌握基本的书写姿势，在有趣的图形练习中做好写字的准备。

—— ⚙ 小提示 ——

"具有书面表达愿望和初步技能"的目标

——来自《3-6 岁儿童学习与发展指南》

（1）3~4 岁。

喜欢用涂涂画画表达一定的意思。

（2）4～5岁。

愿意用图画和符号表达自己的愿望和想法。

在成年人提醒下，写写画画时保持姿势正确。

（3）5～6岁。

愿意用图画和符号表现事物或故事。

会正确书写自己的名字。

写、画时姿势保持正确。

引导问题 8：以小组为单位，写出幼儿早期阅读前书写教学活动的设计方案。

小提示

早期阅读教育活动与其他教育活动的整合

（1）早期阅读与日常行为习惯教育内容的整合。

3~6岁是幼儿生活、学习习惯养成的关键期，要将对幼儿日常行为习惯的培养贯穿在幼儿一日活动中。在前阅读活动中，可以将日常行为习惯准则以图画的形式展现，或选择一些以渗透习惯培养为内容的故事书，供幼儿阅读；也可以由教师有意识地挖掘故事中的教育素材，使幼儿在阅读中明礼，加深对良好行为习惯的巩固。

（2）早期阅读与科学教育内容的整合。

在前阅读活动中，可以就书籍内容涵盖面的广阔性向幼儿介绍，并在以故事、儿歌为主的图书中增加一些科学方面的内容，如有关恐龙、汽车的内容。这些内容会受到幼儿的欢迎，从而激发他们自觉参与阅读的兴趣。

（3）早期阅读与数学教育内容的整合。

幼儿的思维形象、直观，在数学教学中，我们通常要借助形象的教具才能帮助幼儿有效地理解数学概念。而在阅读中渗透数学教育，通过语言的表述让故事的情节改变数学的单调，使其变得不再乏味，同时有关数学的内容也能带动幼儿更积极地思考，使语言训练和思维训练在同一活动中相辅相成，发挥更大的效用。

（4）早期阅读与情感教育内容的整合。

幼儿只有主观上愿意学、有兴趣、有好习惯，才能在阅读中使自己的态度、情感发生变化。所以，在选择前图书阅读内容时，要考虑选择的内容是否有亲和力，是否接近幼儿生活，是否能使幼儿产生情感共鸣。在阅读的内容中渗透丰富的情感、在教学中有意识地宣扬积极的情感，就能帮助幼儿从文学作品中感受到爱，感受到团结互助、诚实勇敢，感受到愉快和成功等，使阅读的过程成为身心得到愉悦、思想得到净化和感染的过程。

引导问题9：在表5-24中列出本小组选择的幼儿早期阅读前书写教学活动设计方案中需要使用的材料、教具。

表5-24　材料、教具清单

序号	物品名称	适用地	数量	备注

4. 做出决策

引导问题10：各小组推荐一名组员阐述设计方案。

＿＿＿＿＿＿＿＿＿＿＿＿＿＿＿＿＿＿＿＿＿＿＿＿＿＿＿＿＿＿＿＿＿

＿＿＿＿＿＿＿＿＿＿＿＿＿＿＿＿＿＿＿＿＿＿＿＿＿＿＿＿＿＿＿＿＿

＿＿＿＿＿＿＿＿＿＿＿＿＿＿＿＿＿＿＿＿＿＿＿＿＿＿＿＿＿＿＿＿＿

＿＿＿＿＿＿＿＿＿＿＿＿＿＿＿＿＿＿＿＿＿＿＿＿＿＿＿＿＿＿＿＿＿

引导问题 11：组内成员讨论每个小组的活动方案设计，分析优缺点，综合每位成员的意见提出看法，填写优缺点表（见表 5-25）。

表 5-25　优缺点表

优点	缺点

本组看法：

引导问题 12：教师综合各组完成教学活动方案的情况进行点评，师生共同讨论，设计优化对比表（见表 5-26），确定最优活动实施方案。

表 5-26　优化对比表

讨论前活动方案存在的缺点	讨论后整理优化的活动方案

5. 工作实施

按照讨论后整理优化的前书写活动教案及相关教具实施教学，选择一个学生模拟教师，其他学生模拟幼儿，组织一个早期阅读活动。

引导问题 13：请记录教学实施过程中遇到的问题，小组讨论并提出完善建议。

_____

_____

_____

_____

_____

引导问题 14：总结幼儿早期阅读前书写教学活动的组织流程，并填写组织流程表（见表 5-27）。

表 5-27　组织流程表

序号	组织流程	重点内容
1		
2		
3		
4		
5		
6		

6. 评价反馈

工作任务完成情况采取多元化评价，本次任务由学生自评学习过程（见表 5-28）、学生互评工作过程（见表 5-29）和教师总体评价（见表 5-30）构成。

表 5-28　学生自评表

姓名		班级		小组	
时间			地点		
序号	自评内容		分值	得分	备注
1	主动配合小组学习任务安排		10		
2	教学教具的准备		20		
3	前书写教学活动的方案设计		30		
4	帮助小组解决问题，提出有效意见		10		
5	学习任务完成情况		20		
6	做好教学内容总结		10		
总分			100		

续表

优点	
缺点及改进措施	
备注	

表5-29 学生互评表

评价项目	分值	等级	评价对象（组别）					
			1	2	3	4	5	6
教学语言表述	20	优20 良15 中10 差5						
材料教具准备	10	优10 良8 中6 差4						
小组成员合作	10	优10 良8 中6 差4						
教案完成情况	20	优20 良15 中10 差5						
教学组织完整	20	优20 良15 中10 差5						
教学成果展示	20	优20 良15 中10 差5						
合计	100							

表5-30 教师总体评价表

评价事项	评价标准及分值	评价对象（组别）					
		1	2	3	4	5	6
内容	1. 内容是幼儿所熟悉的，符合幼儿心理（5分）						
	2. 教学内容情节合理、紧凑，图文密切切合，让幼儿对书写阅读活动感兴趣（5分）						
	3. 整合了其他领域的内容（5分）						
	4. 涉及认知、情感态度、能力技能方面（5分）						
过程	1. 体现幼儿自主阅读的特点（5分）						
	2. 符合前书写阅读活动的组织结构（5分）						
	3. 时间分配合理，内容让幼儿口动、心动地学习（5分）						
	4. 各个环节的安排和衔接流畅（5分）						

续表

评价事项	评价标准及分值	评价对象（组别）					
		1	2	3	4	5	6
教态	1. 尊重和倾听幼儿的意见（5分）						
	2. 表情合宜，声音富有感情（5分）						
	3. 目光面向幼儿，环顾关照每个幼儿（5分）						
	4. 起到平行引导作用（5分）						
教具	1. 运用能激发幼儿阅读兴趣的、丰富多样的阅读材料（5分）						
	2. 阅读材料的图例充分表现内容，有创意（5分）						
	3. 图书质量合格、富有创意（5分）						
	4. 能养成幼儿多阅读、爱阅读的良好习惯（5分）						
语言	1. 用启发性的语言与幼儿互动（5分）						
	2. 用幼儿理解和喜爱的语言做隐形示范（5分）						
	3. 用积极的鼓励性、建设性的话语鼓励幼儿在众人面前发表自己的看法、想法（5分）						
	4. 将阅读的重点内容合理有效地转化为游戏规则（5分）						

四、拓展思考

（1）如何引导幼儿进行书写并对书写感兴趣？

（2）在幼儿园开展与书写相关的活动。

五、与前书写相关的知识点

💬 知识点 1

前书写活动的核心要素

（1）以涂鸦为主。幼儿前书写经常掺杂着潦草的笔迹、奇怪的线条和随意安排的可识别字形。

（2）基于幼儿已有经验。避免活动设计与幼儿现有经验脱节，防止幼儿在前书写过程中出现内容单一或不知道想表达什么的情况。

（3）教师科学地指导。

（4）积累前书写核心经验。教师以自身的专业知识去感知和指导幼儿，及时提供帮助，为幼儿表达内容提供前期经验。

知识点2

前书写活动的指导方法

（1）习惯养成法：在班级群里发布看图讲述的作业提高幼儿语言表达能力。

（2）情境法：创设有助于开展幼儿前书写活动的环境。

提供拼字积木和拼字玩具，提供绘本等，如绘本《蚯蚓的日记》（见图5-2）。

图5-2 《蚯蚓的日记》

（3）视频教授或亲身演示法。

（4）沙盘画图法：用一个鞋盒，盒盖里面贴标有幼儿名字的字卡（有笔画笔顺），深盒那一面装沙子，幼儿用小棍子对照字卡"画出"自己的名字。

（5）合作协助法：家长与幼儿共同完成一个书写活动。

（6）空中书写法：教师在开展活动的时候有意识地引导幼儿和自己一起用手在空中写字、画画。

（7）儿歌法：在对幼儿进行书写姿势培养的过程中，将对幼儿书写的具体要求创编成儿歌，提高幼儿的书写能力。

（8）材料法：提供丰富、生动、有趣、适宜的书写材料。

书写区可以放置的材料有幼儿书写的桌椅、各种写作工具（铅笔、记号笔、油画棒等），有时也可以放置特别的写作材料（毛笔、刷子、羽毛笔）、各种书写材料（不同类型、颜色、尺寸及有皱和无皱的纸张，以及信纸卡片等），还可以放置特殊的写作纸（沙盘、树皮）、各种形状的空白日记本、自制图书材料，供幼儿制作自己的图书、简单的汉字卡片、存放书写作品的文件夹等。

（9）激发兴趣法：通过图片、视频、儿歌、情境等方式激发幼儿书写的欲望。

（10）示范法：教师和幼儿坐在桌子同一侧，向幼儿示范如何书写自己的名字。